房地产经典译丛

房地产市场营销

（第三版）

Real Estate Sales & Marketing (Third Edition)

【美】约翰尼·罗斯劳尔（Johnnie Rosenauer）
约翰·梅斐尔德（John Mayfield） 著
王霆 译

中国人民大学出版社
·北京·

总　序

中国的房地产业是一个既古老又新兴的产业。早在 3 000 年前中国就出现了田地的交换和买卖行为，到了封建时期，已经形成了一定规模的土地和房屋买卖、租赁等经济活动，从 19 世纪中叶起，上海、广州等沿海城市出现了房地产大业主以及房地产开发经营组织，房地产业在社会中的作用越来越显著。但是，新中国成立以后，随着计划经济体制的建立，房地产市场消失了。改革开放后，外销房开发销售标志着新中国房地产业的起步，1998 年政府切断福利分房，把房地产业作为国民经济支柱产业来培育，房地产业得以快速发展。短短 30 年，中国的房地产业从无到有的过程也是房地产业不断发展、完善、逐渐成熟的过程，期间房地产市场也经历了起步、非理性炒作、萧条、逐渐调整和相对稳定等周期性的发展阶段。特别是步入 2008 年，一场由美国“次贷危机”引发的经济危机席卷了全球，我国的房地产业也进入了调整期，房地产业特别是住宅价格成为全社会关注的焦点。关于政府该不该调控房地产价格的讨论也是仁者见仁，智者见智，众说纷纭，莫衷一是。如何保证房地产市场、房地产企业的良性运行，如何运用好现代金融工具、现代企业管理、住宅政策以保证价格平稳，保障“人人有房住”，保持房地产行业的持续发展等问题摆在了全社会面前，更是房地产专业人士关注并需要特别研究的课题。

我国房地产业的发展繁荣带动了房地产专业人才的培养和房地产企业的发展。目前全国有近百所高校从事房地产相关专业的培养和研究。中国人民大学的房地产专业教育始于 1993 年，现有工程管理（房地产方向）本科专业、房地产经济学硕士专业和房地产经营管理博士研究方向，为了更系统地了解国外房地产学科经典知识，我们从国外数量众多的房地产书籍中，精心地挑选了在房地产理论与实践领域具有代表性的优秀著作，编成了这套房地产经典译丛。该套丛书的作者都是世界知名的专家、教授，他们的教材经过了美国等世界各国许多高校的检验，广受好评，已具备较高的学术价值。同时，该丛书具有较强的系统性、理论性、启发性和应用性，其中数本书已经多次再版，被许多高校指定为必修教材。我们组织了相关院校优秀教育骨干，他们专业英语知识扎实，在长期的教学研究和社会实践活动中积累了丰富的经验，具备较高的翻译水平，在翻译的过程中尽量保证著作原汁原味。希望本套丛书能帮助读者“走出去”，了解国外的房地产相关知识，通过消化吸收达到“请进来”的目的，促进我国房地产学科研究的繁荣。第一批所选书籍有：《不动产经济学（第五版）》、《房地产金融：原理与实践（第五版）》、《房地产投资（第三版）》、《房地产导论（第七版）》、《房地产市场营销（第三版）》、《房地产开发：理论与程序（第四版）》、《住房经济与公共政策》、《经济、房地产与土地供应》八部。

本套译丛由中国人民大学出版社策划和组织出版工作，在此表示诚挚的感谢。同时还要感谢挑选书目的各位专家学者、丛书的译者、校正者和出版社的编辑人员等。

由于制度、市场成熟度以及投资、消费背景的差别，翻译过程中难免出现误译甚至错误，望读者不吝赐教。

叶剑平

于求是楼

2009 年 5 月 26 日

译者前言

在本书翻译过程中，一场源于美国房地产次贷危机的金融风暴席卷全球经济，华尔街为其近乎疯狂的金融创新付出了惨痛代价，神话故事般的金融泡沫在恐慌中终遭破灭，也把世界经济卷入一片低迷和悲观的氛围。在这场金融风暴中，原本作为经济发动机的房地产业遭受了前所未有的摧毁和打击，在金融资本及其衍生产品曾经一度的追捧和拉动下，美国房地产业在经历辉煌和荣耀后无奈地进入寒冷而漫长的严冬。中国房地产业在近年来宏观调控的压力下，突遇全球经济下滑的颓势，也出现了明显的调整迹象，房地产从业机构和从业人员经受着巨大的考验。经济周期的波动是市场经济的基本特征，也许在经济唱衰的严冬中才能真正检验出市场竞争者的免疫力和战斗力，尤其是在风起云涌、竞争激烈的房地产经纪行业中，谁能掌握更为职业化、专业化的业务知识，谁将拥有更好的御寒过冬棉袄。因此，对于房地产经纪行业和经纪人员而言，本译著在当前经济环境的时点中出版将具有更为重要而特殊的意义，本书所提出的有效的房地产销售和营销的方法技巧将成为房地产销售人员实现职业可持续发展的必备条件。

本书非常全面地介绍了房地产经纪人应该掌握的销售和营销技巧，它是约翰尼·罗斯劳尔教授多年来从事房地产经纪业务以及咨询、培训实践所积累的丰富经验的结晶，同时得到了约翰·梅斐尔德先生在房地产技术与实践结合方面的大力支持。全书结构合理、叙述流畅，是房地产销售人员在初进房地产行业时有益的入口读物，也可以成为资深房地产经纪人士必备的业务指导手册。

首先，本书详细地叙述了房地产销售和营销的全过程。从规划阶段如何理解销售和营销的内容、有哪些先进适用的技术方法、如何确定所在市场以及开展有效的自我管理，到营销阶段如何开发目标客户、发布房源、做好广告、接听电话、客户确认和介绍房产，再到成交阶段如何处理异议、实施报价及还价谈判以及协同各方最终达成交易，非常清晰地勾勒出房地产销售人员在经纪业务开展过程中的操作流程和业务内容。

其次，本书介绍了在房地产经纪业务过程中最新的技术方法。比如，当前常用的办公软件和工具设备，自我管理、自我激励的方法和表单，接听电话的指导原则，报价及还价谈判中的技巧等，这些方法都是来源于实践，是在房地产经纪实践中被证明行之有效的方法，可以直接为读者阅读后学以致用，提高客户开发和业务操作的工作效率。

最后，本书提供了很多房地产行业资料和信息的来源渠道。读者可以通过本书所介绍的全美房地产经纪人®协会《道德准则与执业标准》来了解美国房地产经纪行业的规范要求，该规范为我国房地产经纪行业制定和完善从业规范和执业要求提供了可参考的依据。本书还提到了在美国房地产销售中的诸多法律，以及美国房地产交易的成交形式和有关税费组成，这些对于我国房地产经纪行业的发展都具有很好的借鉴价值和研究意义。此外，值得一提的是，本书在介绍房地产销售和营销操作各阶段的方法技巧时，列举了很多专业网站链接和相关图书资料，为读者运用网络资源以及其他各类媒体信息提供了有效的渠道和途径。

诚然，本书是在美国房地产行业环境中来介绍房地产销售和营销的，会与我国的实际情况有一定的差异，需要读者在阅读过程中加以比较和区别，借鉴其中可以通用的有效技术方法，充分运用各类信息和资源，提高自身房地产销售专业化能力，为客户提供高质量的满意服务，在激烈竞争的市场环境中实现职业价值。

本书的翻译得到中国人民大学出版社编辑的支持和帮助，在此表示感谢！鉴于时间和译者水平有限，译著中难免有不当之处，敬请广大读者批评指正！

王　霆

中国政法大学商学院

2009 年 3 月

本书献给

在事业方面，我要把本书献给得克萨斯房地产教师协会（Texas Real Estate Teachers Association，TRETA）认识我的众多人士。

在个人方面，我要把本书作为爱和感激的象征，献给德奈尔（Danell）女士、我的小公主杰西卡·安妮（Jessica Alene）和顽皮小男孩考本·沃克（Corban Walker）。

约翰尼·罗斯劳尔

序　言

简介

本书的第 1 章首先对销售和营销进行了总体的描述，展示了销售过程的“巨大画卷”。书中提供了销售过程的流程图，使读者首先能够从宏观上看清楚，然后才能理解每一个小部分是如何衔接在一起的。除了对销售进行定义外，我们还描述了成功的销售人员所应具备的一些特征和品质，并尝试提醒你销售时到底在卖什么——首先是在销售你自己。最后，我们讨论了做房地产销售职业的优缺点。

第 2 章介绍了房地产销售的技术方法。了解如何使用这些有用的工具是非常重要的，毕竟它们对我们的业务是有益无害的。

在第 3 章中我们看到确定市场是多么地重要。没有人可以知道所有的业务内容，因此了解你所在特定目标市场的大量信息就显得很重要。

第 4 章关注自我管理和时间管理。房地产经纪人需要充分利用好自己的时间，计划好每一天对于你的房地产职业生涯而言是非常关键和必要的。这一章所提出的 BIKE 方法可以帮助你实现目标。

在第 5 章中我们看到如果房地产专业人士想更长地延续自己的房地产职业生涯，那么目标客户开发是他们必须要做的主要工作。我们也了解到不同类型的目标客户开发方法和系统，如运用自己的影响中心（COI）、市场耕作新区域以及和目标客户进行沟通。这一章还集中讨论了开发新目标客户的方法，包括持有“公开求售”房和处理过期房源的房产。

房源发布对于每一位房地产专业人士来说都是重要的任务。为什么房源如此重要呢？第 6 章我们将讨论如何收集信息和形成有竞争力的价格。

第 7 章关注广告和沟通过程，在这一章中我们要讨论如何让客户了解房地产市场信息，以及通过广告来吸引买卖双方的办法和提升自身在市场中的形象。

在第 8 章，你将了解电话技巧和房地产专业人士从来电中获得的机会。接打电话应提前做好准备，同时还要知道在电话沟通中如何形成自己的形象。此外，我们还讲述了打电话时介绍自我和获得对方身份的方法。

第 9 章论述的内容是，客户确认过程是房地产专业人士和如今客户关注的焦点。一个经纪人什么时候开始客户确认以及如何进行客户确认，这是本章需要关注的两个问题。在这一章讲述了采用 VA 方式和 FHA 方式进行客户确认的公式，同时学会分析“客户具备资格的数额”和“客户能真正支付得起的数额”这两个概念的区别。这一章中还有一个重要的部分是讨论买方在购买房产过程中的动机。

第 10 章讨论的焦点是房产的展示。你将了解房地产经纪人在销售过程中的角色以及房地产经纪人为什么如此重要。这一章讲述在房产购买过程中经纪人为了使潜在买方做出决定应做的准备。

在第 11 章，我们将集中讨论异议的处理和交易的达成。我们将介绍在房地产交易过程中产生误解的各种原因，以及房地产专业人士应如何处理这些问题以使各方都能够轻松完成交易。

第 12 章我们考虑的问题是提出报价和还价谈判。我们将讨论卖方最新报价和个性化报价的方法，并且保持在谈判过程中抛开个人情绪，同时要设计一个好的还价计划。

第 13 章包括在购买结束时重审合同、处理定金以及了解买方和卖方在交易达成中的角色。制作一个好的交易清单、告知所有人以及避免最后一分钟的惊讶都将是第 13 章的内容。

第 14 章讨论的是房地产行业中如何选择经纪公司和法律意识方面的内容。这一章要介绍的是在访问经纪公司时要考察的内容，并描述了访问的整个过程。我们还关注那些在房地产专业人士每天的职业工作中都要注意的反托拉斯条款和居住平等法律。

致谢

出书对于我来说总是一件兴奋而又需要努力的事情。为了使我的“第一”本书能够令人满意，我不断地努力工作，但困难的是不知如何变化才能使其得到改善。如果没有一些人的帮助，我个人是完成不了这样一项工作的。汤姆逊出版社工作人员给予我多年的帮助，在此我感谢他们的支持，萨拉·格拉斯迈耶（Sara Glassmeyer）是著名的出版物编辑，马克·林顿（Mark Linton）对出版物所赋予的信心以及销售团队所带来的那种勇气是作者们所期望的。感谢阿林·考夫曼（Arlin Kauffman）在整个项目中给予的所有支持。我诚挚的感谢要给予约翰·梅斐尔德和他在技术方面对本书所做的工作，约翰是将技术和房地产实践有效融合的专家，感谢梅斐尔德团队！在圣安东尼奥大学方面，我诚挚的感谢要给予安杰莉卡·古铁雷斯，感谢她所做的出色的管理和给予我的帮助，她总是帮我于所急。我在大学中的领导总是鼓励我成长和发展，商学院院长瓦莱·沃克（Vernell Walker）和主席罗伯特·齐格勒（Robert Zeigler）博士是我伟大的朋友和良好的督导者，他们的工作道德和工作水平在任何方面都很优秀，对于他们的信任和支持我表以真诚的谢意。

当然，非常重要的一点是，我还要感谢多年来在大学课堂上和培训项目中的学生，是他们允许我把本书中的内容在他们那里进行实践。至于在众多交易中所接触的买方、卖方和有资质的专业人士，不管是成功和快乐的交往，还是个别不成功和不快乐的交往，都使我从中学到了很多。

本书可能得到的所有荣誉都将献给上述所有人士，但本书中的任何错误和瑕疵则由我个人承担。读者能够从本书中有所收获将是我们共同的愿望。

目　录

第一部分　规划阶段：做好准备去销售

第三部分　成交阶段：协同各方　达成交易

第一部分

规划阶段：做好准备去销售

- 第1章 销售和营销概论
- 第2章 房地产销售和营销的技术方法
- 第3章 确定你的市场
- 第4章 自我管理

第 1 章

销售和营销概论

关键词

3 道德准则与执业标准（code of ethics and standards of practice）
营销（marketing）
专业化（professionalism）
流程图（flow chart）
销售（selling）
4Ps（four Ps）

营销和销售：定义和区别

你也许听到有人说：“我做营销，做的工作是……”，“我做销售，做的工作是……”，或者“我是一名销售顾问”。这些表达描述的几乎是相同的职能，就如同这些角色相互关联一样。然而根据你所负责的具体业务的不同，营销和销售也许不一定是同义词。

销售和营销之间的区别可以用 E · 杰罗姆 · 麦卡锡（E. Jerome McCarthy）首先提出的 **4Ps**（four Ps）来阐明。根据麦卡锡博士的观点，营销应包括正确的产品（product）、正确的价格（price）、正确的渠道（place）和正确的促销（promotion）。[1]对于房地产界的许多人而言，销售是营销的一部分，但也只是其中的一部分。图 1—1 显示了营销及其组成部分之间的关系。

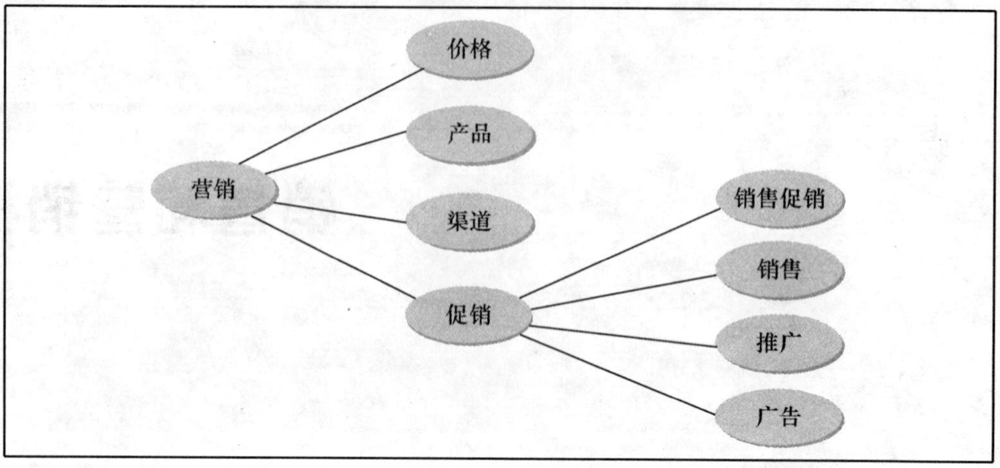

图 1—1　营销定义的影响因素

根据美国市场营销协会的定义，营销（marketing）是指“能够引导产品和服务流程从生产者到客户（或用户）的商业活动行为”[2]。如果仅从人们购买产品和服务以满足某种需求的常识观点来理解，那么关于营销的定义就应该重新表述为：营销是指通过交换价值来满足人们需求和愿望的一组活动。

许多销售人员在销售过程中的第一反应也就是这些相同的因素。

举一个简单的例子说明营销和销售是如何相互作用但又存在一定区别的。布拉德·博伊德（Brad Boyd）是一名拥有自己的公司并富有经验的房地产经纪人。一天早晨，凯乐·坝宁安和珍妮弗·坎宁安（Kyle and Jennifer Cunningham）走进他的办公室，他们看到博伊德公司的广告，注意到当地有一处房子要出售，因此他们决定拜访博伊德办公室。作为一个有着两岁孩子的首次购房者，坎宁安夫妇希望房子能够紧靠学校、公园和商场。他们不断增长的收入能够很轻松地承担他们所期望地区的房屋价格。在和他们简短交流后，布拉德选择了三所房子并带着坎宁安夫妇去看房。第一个太大，第三个太贵，第二个比较接近坎宁安夫妇的需要。坎宁安夫妇报了价并最终达成协议。他们办了贷款，接着过户、搬家，对于整个过程他们都很满意。

这个简单的例子表现了几个片段，但展示了整个过程：坎宁安夫妇找到了他们所需要的房子（产品），在他们所期望的地段（渠道），房价是他们所能承受的（价格），是布拉德的广告（促销）吸引他们去拜访的。

◎营销定义的影响因素

上面的例子指出了 4Ps 的关系，但是没有表现出营销和销售之间的不同。布拉德在没有遇到坎宁安夫妇之前就知道在哪里可以找到像他们这类客户所需要的房屋。换句话说，他懂得营销。当坎宁安夫妇来到他的办公室时，他已具备关于他们可能需要的那类不动产的大量信息。这些信息中的大部分来自市场，简单而言，布拉德·博伊德懂得如何满足人们在市场中各种有条件的需求。

5 　当布拉德在遇到某一位或某一类具体客户时，他在销售方面的行为才表现出来。在和客户的交流过程中，布拉德了解到这对夫妇的部分需求和愿望。他们也许继承了一大笔财富，或者他们希望房子的居住面积小但有一大块院落。各种需求类型五花八门，但是在遇到客户之前你无从所知，只有遇到时才成为一个销售人员。

当遇到特定客户时才有销售行为，而相比之下，营销则要显得更宽泛、全面和长期。

销售过程概况

在开始探讨销售的整个过程时，我们需要对销售和专业化进行定义，我们还要讨论销售职业的积极和消极两个方面，以及营销和销售之间的内在联系。

销售过程可以用图 1—2 中的**流程图**（flow chart）来表示，从开始到结束是一个逻辑、易行的进程。这个图显示了销售人员的职业描述。

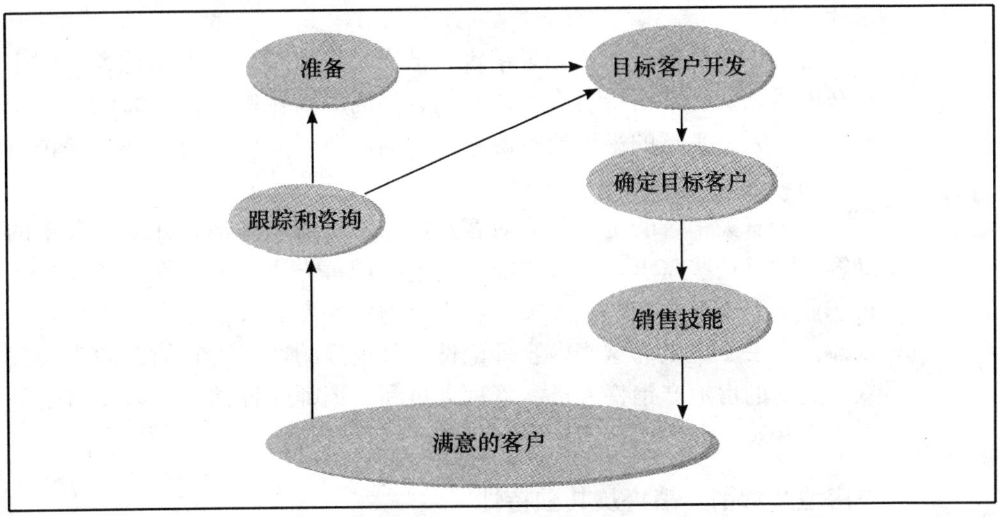

图 1—2　销售过程

6 ◆销售的定义

销售可以有多种方式的定义。多年来，销售人员被视为骗子、小偷和无赖，而另外一些人则把他们誉为有价值的专业服务提供者，其他还有一些中性的或置于好坏之间的评论。我们认为，**销售**（selling）**是一种基础性艺术，影响他人以帮助他们做出解决问题的决策，使各群体均受益**。这个定义所包含的一系列词汇和短语，值得我们在下面进一步推敲。

任何人类文明的**基础**都是商品和服务的交易，商人的形象在各种社会中都有描述。商业既然要发生，就必然有人出售东西。优秀的猎人卖猎物，熟练的皮革工人出售衣服，这都是人类社会非常基础的行为。

艺术形式在不同艺术家之间是变化多样的。同样，在销售中也存在着多种类型的销售艺术。一个人做得好不见得别人就能行，在不同的销售人员和不同的客户之间都是这样的。本书并没有打算教会读者使用最好的销售方法，只是尝试着提供思想和方法以增加成功的机会。要记住，这里所提供的技能必须至少具备三个要素：个体销售人员、特定交易的具体客户、特定时间下全面的销售环境。除了法律和职业道德以外，其他方面的内容大多数应该是有弹性的，而不是刚性的。

影响决策指的是有效的销售人员能够在一定程度上影响他人的决策。首要的影响应该是显示出帮助他人的真诚愿望。如果潜在的买家或卖家把销售人员看做危险或威胁，而不是一个帮助者，那么任何买卖行为都不会发生。这种对决策的影响不应该是操纵或控制，而应该表现为指导和咨询。指导客户、病人、消费者或者其他对象，是许多专业化的服务提供者工作的一项主要内容。

解决问题是销售人员的目标。许多销售书籍、课程和培训都指出销售人员的角色是问题解决者。如果没有问题在销售事件中发生，那么销售人员的重要性就会大幅度降低。在本书中，问题的解决（或者说销售行为）是和客户的房地产需求相关的。

各群体均受益意味着如果销售人员通过任何交易来利用他人，则不可能获得长久的成功。公平对待所有群体和拥有高尚的商业道德是必需的。一个满意客户的推荐是未来生意的最重要资源，成功的职业者应该努力获得并保护自身诚实和公平的声誉。

这个有关销售的定义关注对客户需求的理解和兴趣，并通过公平的方式来帮助客户满足这些需求。如果你能赞同这些销售方法，无论你是考虑进入房地产销售职业的人士，还是已经是关注新观点的资深专业人士，本书都将带给你收益和乐趣。本书所提供的这些内容理论性不是很强的，因为它们来源于实践，来源于众多成功的房地产销售人员、管理人员和培训师的日常经历以及对他们的观察所得，这些观点和方法在这个领域里被证明是有效的。

7 ## 房地产营销、销售及其独特性

现在让我们来看看销售和营销是如何在一起配合的。从广义角度而言，销售仅仅是整个营销过程的一个部分（虽然是重要的部分）。在某些行业，销售人员的角色是不同于其他行业的。比如在房地产业中，销售人员很少需要在不动产开发和建造方面做什么事情。总之，销售人员既不是买方的雇员也不是卖方的雇员，实际上他们经常是自我雇用。房地产销售人员的特殊性使其更像一个中间人，试图在买卖两个主体之间充当解释者（或者是缓冲器）。

有时，销售人员在为买方或卖方工作（作为代理人）时其真正的角色引起了很多潜在的法律争论。然而，总之，一方是委托人（通常是卖方）时，另一方就是客户。销售人员有责任诚实地对待各方。作为房地产销售人员，总是会存在**有**

谁让他服务和他**为谁**服务这两个方面。受托人的职责是每个房地产销售人员都需要认真考虑的要素，国家政府的法律规定了很多需要履行的义务，还有很多是当地房地产经纪人®理事会的本地要求，此外其他的一些规定则是由销售人员联合组建的特定经纪业务公司设定的。在规定范围之内做合法的事，就不用担心会因为自身的行为而受到指责。本书提供了全美房地产经纪人®协会《道德准则与执业标准》的现行版本供读者参考。

房地产销售和营销另外一个有趣的特点是，大量的责任是放在销售人员或者经纪人肩上的。在销售过程中尽管你会从你的经纪人或其他人那里得到一些帮助，但是借贷、办理房产附属人等手续时主要还是需要经纪人的帮助。如果房地产经纪人能够把这些工作做好就会得到夸奖和赞许，但如果做不好就会遭到谴责。

由于房地产销售人员的职能是通过提供房地产及其过户相关信息来完成的，这里没有像其他行业那样可以用于展示给潜在买卖双方的物理性产品。因此，那些成功的专业化房地产销售人员在解释他们可以提供什么样的服务方面是非常自信和胜任的。在某种程度上，他们是专业化的服务提供者。

买方或卖方选择经纪人经常不是依靠明确的标准来判断，这和买家具时可以相互比较是完全不同的。当问他们为什么选择这个经纪人而不是其他经纪人时，买方或卖方经常会说因为对他们所选择的经纪人有更好的“感觉”。这种感觉往往来源于经纪人能够清楚解释他（或她）可以帮助客户做什么事情的能力。

8

趋势和问题

根据全美房地产经纪人®协会《2004年房屋买方卖方简介》中所说，更多的客户使用房地产经纪人是因为朋友、家庭成员或者同事的推荐。

考虑到这种被推荐的趋势将成为未来收入的来源，新的房地产专业人士应用什么样的方法通过他们的朋友、家庭成员或者同事来获取一部分房地产市场呢？

从技术角度来说，房地产经纪人需要懂得和掌握如何用电脑数据向朋友和熟人发邮件。有几个数据处理软件和邮件管理器对于房地产专业人士是很有用的，下面介绍几个可以浏览的相关网站：

http://www.topproducer.com

http://www.frontrange.com

http://www.act.com

http://www.microsoft.com（微软公司Excel、Access和Outlook三个有用的软件）

成功销售人员的特征

在房地产行业教学、培训、写作和实践的这30年中，我曾被问到一个常见的问题。虽然表达方式不同，但主要的内容是十分相近的。怎样才能在房地产销售中成功呢？表1—1中所列出的成功销售人员的特征并不是通过传统俗套的研究方法得到的，而是我在涉足房地产行业30多年中阅读和观察的综合所得。当你思考这些特征时，你应注意到这些都是可以被培养的，不存在众多的所谓“天生的”销售人员。当然，不管在哪个行业，有些人在某些特定领域更偏向于成功。我通过培训大量的销售人员，发现对于一些特定环境中的兴趣和能力，基因发挥着重要的作用。但是，除了个人的愿望和发展以外，没有任何东西可以确保能够始终如一地预测个体的成功或失败。我用首字母CRAFT来帮助大家记住这些特征，这些词看上去都不错，但是下面所有列出的特征是每一个成功销售人员都需要具备的。

9 **表1—1　　成功销售人员特征**

坚持
责任
准确
坚实
机智

● **坚持**（consistency）：那些愿意不断追求的人，比那些只关注现在而漠视未来，只在现在努力而在未来气馁的人，要获得更多的长期收益。就如同智慧的发明家托马斯·爱迪生那样，10%或者更少的灵感和90%或者更多的汗水才铸就了成功，房地产销售人员的成功同样是如此。

● **责任**（responsibility）：从长远角度，一个人的成功大部分源于他对掌控自己生活的愿望。当然，我们所有人都需要从我们的管理者、培训师、经纪人等那里获得支持，但是销售人员个人回报中的大部分最终来源于个人的积极性。生活中没有什么可以保证你的成功，只有不断遇到的机会。“如果事情注定要这样，那就一定会这样”，这句格言很适合房地产经纪人。

● **准确**（accuracy）：销售人员不可能准确知道任何事情，但是他们必须对销售费用、月花费总额之类的事有最准确的估计。一个房间居住区域有几百平方英尺，从朋友处每个月借多少美元，对这些都应该有比较清楚的了解。一个成功的人会努力尽可能使他的调研和测算准确，这样才有可能提供专业化的服务。

● **坚实**（foundationally solid）：在房地产行业要有良好的基础，并且能够持续地打好基础。“从基础工作做起，并且能够谨慎地不离开基础工作”，这是大多数销售和营销书籍所介绍的基本原则。在进步、成长和面临风险的过程中，千万别忘记只有坚实的基础工作才能保证你在长期的职业生涯中经受住整体的低迷和个人的消沉。

● **机智**（tact）：许多人看上去非常擅长成功处理别人的事情，销售人员作为一个专业化服务提供者，需要具备处理各种意见和冲突的能力。无论从个人角度还是从行业整体角度，销售人员都要形成亲近他人的行为方式，这是经常用来评价销售人员能力的标准，也是销售人员必须要去做的。

10

趋势和问题

现在有许多房地产专业人士用一些独特并且聪明的营销思路来吸引更多的业务。注册代理品牌、开发个人标识、打造优秀团队，这些都是房地产营销走向新时代所使用的方法中的一小部分。例如，经营密苏里州路易斯大街上Prudential连锁店（美国一房地产经纪代理连锁品牌）的谢里·彼得森（Cheri Peterson）详细描述了2004年5月和黑利·M·赫安（Haley M. Hwang）在房地产经纪人®杂志的网络上进行的一次谈话，谈话内容如下：

> 彼得森说："有一天有人对我说：'谢里，请设计一个好点子——既可以把自己的业务包含进去，也是自己喜欢去做的。'于是我就走到店外，为我的Harley店挂上照片。"彼得森的名片上也有这张照片，穿着白色T恤、蓝色牛仔裤，戴着遮阳镜，坐在有档次的自行车上。她还把这张照片放在了查尔斯郡大街的巨大户外广告牌上。
>
> 彼得森说，刚开始的时候很多其他的房地产同行都嘲笑她在Harley店的点子。"我提出了这个主意，但是所有的人都嘲笑我，认为这方法很愚蠢。"她说。但是，她的业务得到了发展，她笑到了最后。
>
> 2003年，彼得森在销售业绩中做了124笔交易，价值2 000万美元。她雇了3个助手，并且进入了Prudential全美连锁联盟中业绩最好的2%店中。

请访问http://www.HobbsHerder.com，学习其他房地产专业人士是如何用创造性的思维去营销自我的。

明确在卖什么

有效的房地产销售和营销有很多房产需要出售，但在出售房产本身之前，往往还有大量的其他东西必须销售。下面是你在开展业务时必须成功解决或销售的东西。你可以选择更多的东西加入这个列项，但是下面这些是必须有的：

● **你自己**（yourself）：首要的事情是你必须销售并且要持续地销售你自己。如果消费者不喜欢或者不信任你，在大多数情况下你的业务开展就会很困难。你所表达出来的尊重，你在场时给消费者什么样的感觉，以及在关键的第一印象阶段你是如何介绍自己的，都将影响到你是否被消费者喜欢或者信任。记住，如果消费者不能接受你，那么你所销售的东西也就很难卖给他。这不是说买方或者卖方必须想要接受你或者被你接受，而是你更应该创造一个良好舒适的环境让销售能够继续向前推进。

11 ● **服务**（service）：房地产销售人员卖的东西几乎不是他们自己的。准确地说，他们从事的大多数是经纪人生意。这就意味着他们代表其他人来买/卖或者出租/租赁。大多数的消费者或者客户，不是买方就是卖方，不是房东就是房客，都会问这样一个关键问题：你能帮我什么？如果你不能非常有能力地并且很忠实地描述你有为其提供高质量服务的能力，即使你没有完全失去生意，那么做成该生意的可能性也会大大降低。

● **理性**（logic）：相对于消费者需要购买的其他商品，房地产是一种昂贵和复杂的商品。作为一个专业服务提供者，你应该能够使你所接触的人知道为什么这些事情会是这样的。因为购买房地产的行为对于大多数消费者来说不是每天都发生的，有效的房地产销售人员懂得他们必须按照惯例去告知他们所接触的人。当然，作为某个交易中的一个重要角色，销售人员被要求能够用理性的方式去提供建议、咨询和策略。在彻底完成销售，消费者做出买卖房产决定之前的这一漫长且困难的过程中，你必须提供有效的内容紧紧吸引住消费者。

● **感觉**（emotion）：对于大多数人，理性的一面还需要有感性来平衡的。对于这点我们可以表达为在销售“烤牛排时的嗞嗞作响声”。通常销售人员是需要让消费者产生购买房产的愿望。只有理性往往并不是最重要的，因此你必须让消费者产生购买愿望。成功的销售人员能够决定如何创造良好的环境，让消费者实现某种购买理性和购买愿望的平衡。

● **决策**（decision）：在前面对销售的定义中，有一个必需的组成要素是做出决策。我们都希望不做错决定，但是由于环境和条件的变化，往往我们所做的决策其最终结果是错误的。学会如何做决策和什么时候做决策是本书的组成部分，在这个行业里没有自由随意的决策，我们提倡每个人按照基本规则来决策。

销售房地产的优缺点

房地产销售职业可能是有利可图、富有激情、令人满足的，也可能是代价昂贵、充满挫折、让人失望的。在房地产行业长期的从业和担任讲师的时间里，我和许多把房地产作为职业的人士交流过。通过这些谈话，我概括了一些有关房地产销售人员发展的积极与消极方面的基本观点（见表1—2）。

12 **表1—2** **房地产职业的优缺点分类**

积极的方面	消极的方面
收入机会	收入不确定
有限监督	努力工作
公众接触	常被拒绝
职业成长和灵活性	难以控制

积极的方面包括以下几点：

- **收入机会**（income opportunity）：在任何城市大多数经营很好的房地产经纪公司中，有很多非常成功的销售人员能够凭借其销售能力获得很好的报酬，并且能够保持持续的高收入。这些人不是一般人，但也绝不是独一无二的。他们生活在这个行业潜在的收入保障中。房地产销售职业的这个优势其关键词是“机会”。收入虽不是一定保证的，但完全是有机会可以获得的。销售人员可以通过努力工作和牺牲来换取成功。

- **有限监督**（limited supervision）：对于许多人而言，能够控制自己的时间和工作日程是件好事。做自己的老板，为自己开展业务，被看成是激励工作的动机。然而，可控状态也就意味着需要某种额外的自我激励和责任感。

- **公众接触**（public contact）：在销售过程中，不管是产品还是服务，通常的主导者是公众。许多富有远见的销售人员都会说：“我喜欢公众。”这是对自身有益处的态度，但它并不确保在销售中成功。当解决一位客户复杂的房地产问题时，感觉满足的销售人员会有强烈的成就感。这种感觉是一种有力的激励。而且，对于销售人员而言，不断地遇到不同的人也是一种真正的吸引力。

- **职业成长和灵活性**（career growth and flexibility）：销售提供了很多职业选择，而且在房地产这个领域还有不同的职业类别可以考虑。住宅销售不同于工业用房，商业和工业房产需要完全不同于度假和娱乐用房的销售策略。大量成功的销售人员可以在房地产销售和营销的不同分支领域取得成功。这种灵活性也使销售人员可以有很好的职业生涯记录，在不同的市场和不同的组织中寻找机会。

“销售就是销售，不管是什么产品或服务。”你可以不认同这个观点，但一个销售人员在做出自己职业生涯的决定时可以比其他领域有更大的灵活性。因为房地产有各种不同的潜在进入领域，所以本书包括了多个类别的房地产案例。也许某个案例是讲农场的，而不是讲住宅、带状中心（strip center）[1] 或者度假项目的，但一定要记住：有关销售的许多基本要点在各领域都是可以相通应用的。不同类别的房地产之间存在一些明显不同的地方，但这并不表明存在很多不同。

13 消极的方面包括以下几点：

- **收入不确定**（income uncertainty）：许多房地产销售的新入行者习惯有稳定和规范的收入，他们经常会在收入从工资转变为佣金的过程中遭受经济上的打击。即使度过这个调整期，你仍然需要有细致的预算以应对不稳定的现金流。你也许在一个短暂的时期内有 3～4 个销售业绩，也可能在接下来的好几个月内只能空手等待。应对这种波动的收入确实很困难。

- **努力工作**（the work）：许多潜在的房地产销售人员会认为他们所需要做的全部工作就是在办公室坐着，然后等待消费者的光临，但是这种方法一点都行不通。销售是需要努力工作的。为了使工作更有效，销售人员需要做许多工作，

---

① strip center 指通常用天篷盖在人行道上用于出租的线状排列的商店群。——译者注

这些工作也许既不激情，也没有趣。为了争取客户，你需要有更长并且可调整的时间（甚至是在周末和晚上），这是你在房地产销售职业生涯中想要获得长期的成功所需要做出的牺牲。

● **常被拒绝**（rejection）：任何领域的销售人员都会遭遇到对自己不好的人群。经验丰富的销售人员会意识到在销售中他们并不能帮助或者取悦于所有需要提供产品或服务的人。在房地产行业，要卖房子的房主也许会对你所提供的帮助做出很粗鲁的反应，举棋不定的买主也许会抱怨你提供的房子价格太高。如此这般的拒绝对于很多销售人员都是很难接受的。

拒绝是让人不愉快的，但是有经验的销售人员会知道这种行为很少是因为自身原因造成的。即使这种拒绝偶尔才发生，且只有自己遇到了，你也不应该气馁。要想在销售中胜出，你所要付出的部分代价就是要处理好这种客户拒绝的行为，并且不让这种事对自己工作的动机和努力产生负面影响。

● **难以控制**（limited control）：在销售中有很多因素是销售人员难以控制的。比如，利率提高会制约买方获得贷款，在房地产行业还会导致完全无法抵押；买方由于自己的工作调动计划取消，就不再需要你已经努力很久帮其寻找的房子了；在你的服务区域，一个行业的衰退对房地产市场产生严重摧毁等情况的出现不是销售人员做错了什么，但对市场的影响也是非常重大的。

许多人处理上述这些问题都会遇到麻烦，要想取得销售成功是需要强有力的动机需求来支持的。也许还有许多其他方面的有关房地产销售的优缺点，你可以把自己的想法列入表1—2中。如同每个人有着不同的销售形式，你选择进入或者退出这个行业完全是个人的事情。每个人在决定进入这个行业的时候都要现实地分析一下其优缺点。

专业化

房地产销售变得越来越复杂。一些资历较深的销售人员还记得以前的交易还
14 是相对比较简单的，但是行业伴随着经济环境在发生快速的变化，竞争不断加剧，销售人员再也不能在其职业生涯中平庸地发展以获得成功。在精神、性格和行为上追求"你是最好的"，产生这种持续的动力需要的是专业化（professionalism）。

自从由全美房地产协会理事会1908年发起成立全美房地产经纪人®协会后，专业化已经成为房地产行业领导者关注的内容。这个协会组织起来的目的就是教育房地产专业人士，帮助房地产从业人员提高能力和服务。今天，它已发展成为全世界最大的商业协会，并且发展了很多各地的理事会。各地理事会成员的专业化行为都受协会道德准则制约。

房地产业务不仅要有良好的声誉，而且对道德标准的关注也非常重要。全美房地产经纪人®协会颁布的《道德准则与执业标准》（*Code of Ethics and Standards of Practice*）是每一个从业人员应该认真遵守的。在该准则的导言中

这样描述：土地为一切之本。人类文明及自由制度的存废与兴衰系于如何善用土地资源及广泛分配土地所有权。房地产经纪人的职责就是处理好土地所有权和使用权，而最终应承担的社会责任要求经纪人能够不断提高自身的能力和服务。违背这一点将证明是不对的，房地产经纪人®的黄金条律就是要帮助他人。

导言后面用 24 章来描述房地产经纪人®的专业化行为标准。你应该仔细阅读表 1—3 中的《道德准则与执业标准》，你可以从当地房地产经纪人®理事会获得并利用这方面的信息、培训和支持。

趋势和问题

2001 年 1 月 1 日起，全美房地产经纪人®协会需要每四年对其会员测试一次《道德准则与执业标准》。会员需要参加 2.5 小时有关职业道德培训的课程才能获得协会会员身份。今天，会员可以通过 http://www.realtor.org 或者当地会员协会完成这个课程。

会员也有权通过 http://www.realtor.org 获得有关《道德准则与执业标准》的信息，并且可以下载和打印《道德准则与执业标准》以及其他有关专业化标准的信息。

15 **表 1—3　　全美房地产经纪人®协会《道德准则与执业标准》**

2006 年 1 月 1 日起生效

本准则及前文中使用的房地产经纪人®一词包含全美房地产经纪人®协会的会员（REALTOR-ASSOCIATE®s）。

本道德准则所载之义务标准可能高于现行法令，若与现行法令有冲突者，则以现行法令规定为优先。

导言

土地为一切之本。人类文明及自由制度的存废与兴衰系于如何善用土地资源及广泛分配土地所有权。房地产经纪人®应认识到土地资源最高及最优化的利用，以及土地所有权最广泛普及化的分配攸关国家及全民之利益，必须创造足够的住宅供给，打造生活机能良好的城市，发展具有生产力的产业及农场，并致力于环境保护。

维护国家及人民利益的义务范围超越一般商业所应尽的义务。房地产经纪人®肩负重大的社会责任，同时必须心存爱国情操，义无反顾，随时做好为国家服务的准备。因此，房地产经纪人®自当维持及追求专业上的更高标准，与业界同仁一起承担维护专业正直及荣誉之共同责任。

房地产经纪人®认识及了解到对委托人、顾客、社会大众及业界同仁的义务，不断地吸收房地产相关议题之新知，同时愿意将其身为房地产专业人士的经验及研究成果与人分享。房地产经纪人®采取明确的步骤，力行本道德准则，并协助主管当局取缔有危及社会大众之虞，或可能伤害房地产专业公信力及声誉的做法。从业人员若本人获悉任何可能违反道德准则的行为，包括不当挪用客户之资金或财产、恶意歧视或造成重大经济损失的欺诈行为，必承报相关的全美房地产经纪人®理事会（Board or Association of REALTORS®）。（2000 年 1 月修订）

房地产经纪人®了解到与其他同业专业人士保持合作关系能为服务使用者创造最佳的利益，因此敦促实行客户独家专属代理制度；不企图以不公平的取巧手段抢夺同业竞争者的生意而获利；不主动发表评论其他从

续前表

业人员之言论。若被征询意见，或房地产经纪人®认为有必要提供意见，必须保持客观专业，不受任何个人动机或潜在利益及获利所影响。

房地产经纪人®一词已经带有能力、公正及严谨正直、奉行企业道德行为准则之崇高理想的含义；不为利诱，不受客户指使而做出有悖此理想标准的事。

对房地产经纪人®而言，如此义务之放诸四海而皆准的最佳诠释，即为传承数世纪的金科玉律——“己所不欲，勿施于人”。

房地产经纪人®谨奉此古训，誓言凡是在执业及所有行为中，将皆遵行其精神，并身体力行下列诸项原则。

对委托人及顾客的义务

第一条

担任买方、卖方、屋主、承租人或其他客户的代理人时，房地产经纪人®誓言绝对保护及促进客户的利益。此项对客户的义务非常重要，但房地产经纪人®却也不得因此违背诚实对待所有当事人的原则。若以非代理人身份为买方、卖方、屋主、承租人或其他客户提供服务时，房地产经纪人®亦要谨守对所有当事人诚实以待之义务。（2001 年 1 月修订）

● 执业标准 1—1

房地产经纪人®即使身为当事人，仍应谨守本道德准则所载之各种义务。（1993 年 1 月修订）

● 执业标准 1—2

房地产经纪人®担任客户代理人或以法律上承认的非代理方式服务客户时，皆要谨守道德准则所载之义务；但准则中并无强制规定法律上针对房地产经纪人®以非代理方式执行业务时特别规定的责任义务。

本道德准则中所言之“客户”系指与房地产经纪人®或房地产经纪人®所在的公司有代理或法律上承认之非代理关系的个人或单位；“客户”则为房地产交易关系中，虽与房地产经纪人®或房地产经纪人®所在的公司无契约关系，但仍接受所提供之信息、服务或利益；“可能成为客户的人”则指不受房地产经纪人®或房地产经纪人®所在的公司之代理关系约束的买方、卖方、承租人或屋主；“代理人”指依州政府法令与客户有代理关系，且领有执照的房地产业者（包括经纪及业务人员），而“经纪人”则指依州政府法令，与客户有代理或法律上承认之非代理服务关系，且领有执照的房地产业者（包括经纪及业务人员）。（1995 年 1 月通过，2004 年 1 月修订）

● 执业标准 1—3

房地产经纪人®不得为了争取房源而在市价上故意误导所有权人。

● 执业标准 1—4

房地产经纪人®争取成为买方/承租人的代理人时，不得误导买方/承租人，认为通过其服务可以减少支出或获得其他利益。（1993 年 1 月修订）

● 执业标准 1—5

房地产经纪人®于完全披露及双方当事人被告知同意下，可于同一笔交易中同时担任卖方/屋主及买方/承租人的代理人。（1993 年 1 月通过）

● 执业标准 1—6

房地产经纪人®应客观且尽速提供索价及还价。（1993 年 1 月通过，1995 年 1 月修订）

● 执业标准 1—7

房地产经纪人®若担任房源经纪人，应于租赁契约成交或执行前，继续提供卖方/屋主所有报价及还价信息，除非卖方/屋主以书面方式告知可不履行此项义务。房地产经纪人®应建议卖方/屋主成交后若要接受其他报价之前，应征询律师之意见，除非之前的购买契约或租赁契约已失效。（1993 年 1 月修订）

● 执业标准 1—8

房地产经纪人®若担任买方/承租人的代理人或经纪人，应提供买方/承租人所有报价及还价信息，直到买方/承租人接受为止；之后则无义务继续提供其他房地产信息，除非双方另有书面协议。房地产经纪人®若担任买方/承租人之代理人或经纪人，应建议买方/承租人若对先前契约是否已终止有任何疑问，应征询律师之意见。（1993 年 1 月通过，1999 年 1 月修订）

● 执业标准 1—9

房地产经纪人®以代理或法律承认之非代理方式为客户提供服务时，对客户所提供之任何信息，必须谨守保密原则（依州政府法令之定义），即使在此代理或法律承认之非代理方式终止后，仍要继续保密。房地产经纪人®不得于与客户专业关系成立期间或终止后，故意有下列行为：

1）泄露客户的机密信息；

2）使用客户机密信息，造成对客户不利之情况；

3）使用客户机密信息，以谋求房地产经纪人®本身或第三方之利益，除非

a）完全披露后得到客户同意；

续前表

b) 法院命令房地产经纪人®如此做；

c) 客户有犯罪意图，提供资料为防止其犯罪所必需的行动；

d) 房地产经纪人®或其同事被指控有不当行为情况下，必须提出辩护。

本道德准则中之保密资料并不包括有关潜在重大缺失的相关资料。（1993 年 1 月通过，2001 年 1 月修订）

● 执业标准 1—10

房地产经纪人®应按照不动产证照上所规定之条件和原则，以及房地产管理契约，良善管理客户的房地产，尊重地产上所有承租人及其他合法居民的权益，维护其安全及健康。（1995 年 1 月通过，2000 年 1 月修订）

● 执业标准 1—11

房地产经纪人®受雇维护及管理客户的房地产，应良善管理及尽力防止可预见的意外或损失之发生。（1995 年 1 月通过）

● 执业标准 1—12

房地产经纪人®于签订房源契约时，必须告知卖方/屋主以下事项：

1) 房地产经纪人®所在的公司与子代理人、买方/承租人代理人及/或法律承认非代理关系经纪人的合作及与报酬有关的政策情况；

2) 买方/承租人代理人或经纪人即使由房源中介商或卖方/屋主支付报酬，仍可代表买方/承租人的利益；

3) 房源中介商成为公开披露的双重代理人的潜在可能性，如买方/承租人代理人。（1993 年 1 月通过，1998 年 1 月重新编号，2003 年 1 月修订）

● 执业标准 1—13

签订买方/承租人契约时，房地产经纪人®必须告知客户下列事项：

1) 房地产经纪人®所在的公司对合作关系的政策；

2) 将由客户给付的报酬金额；

3) 其他经纪人、卖方/屋主，或者由其他人额外给付或抵消报酬金额的可能性；

4) 买方/承租人代表成为公开披露的双重代理人的潜在可能性，如房源经纪人、子代理人及屋主之代理人等；

5) 除非法律、法规或当事人双方以保密协议规定需要保密，否则卖方或卖方代表可能不会将条款或条件予以保密。（1993 年 1 月通过，1998 年 1 月重新编号，2006 年 1 月修订）

● 执业标准 1—14

提供估价或其他估值的费用并不依估价或估值的金额而定。（2002 年 1 月通过）

● 执业标准 1—15

买方或合作的经纪人询问时，房地产经纪人®在得到卖方的同意后，要告知买方或经纪人有关其他人对房地产出价的实情。在告知时，房地产经纪人®也应该告知出价是由挂牌持照人、房源公司的另一持照人还是由合作的经纪人取得。（2003 年 1 月通过，2006 年 1 月修订）

第二条

房地产经纪人®应避免对交易当中的房地产之叙述有夸大、不实或隐瞒的情况。房地产经纪人®没有义务主动去发现交易的房地产是否有潜藏之瑕疵，或提供超过不动产证照范围的意见，或披露州政府法令所界定的代理或非代理法律关系所必须遵守的保密原则。（2000 年 1 月修订）

● 执业标准 2—1

房地产经纪人®仅有义务找出并披露对经主管机关认证过的同行专业人士注意到的负面因素。第二条并无规定房地产经纪人®专业义务必须包括其他专业或技术背景。（1996 年 1 月修订）

● 执业标准 2—2

（1998 年 1 月重新编号为执业标准 1—12）

● 执业标准 2—3

（1998 年 1 月重新编号为执业标准 1—13）

● 执业标准 2—4

房地产经纪人®不应成为任何文件中不符合其身份及专业的当事人，除非明显为名义上的考虑。

● 执业标准 2—5

法律所界定之“非重大”因素或相关法规清楚载明为“无须披露”者，视为与第二条款的目的无关。（1993 年 1 月通过）

第三条

房地产经纪人®应与其他经纪人合作，除非如此合作不符合客户的最佳利益。合作的义务不包括分享佣金、费用或付给其他经纪人的酬劳费用。（1995 年 1 月修订）

● 执业标准 3—1

房地产经纪人®若担任卖方/屋主之专属代理人或经纪人，必须清楚表示合作之条件。除非合作条件中清楚载明，否则经纪人不得假设合作之范围亦包括报酬。若有任何酬劳上之合作，则应于接受合作之前确立合作经纪人的酬劳条件。（1999 年 1 月修订）

● 执业标准 3—2

房地产经纪人®若有支付其他房地产经纪人®酬劳的情况时，必须于此经纪人提出

续前表

房地产购买/租赁请求前，及时将合作部分酬劳安排的变更事项告知原合作的房地产经纪人®。（1994 年 1 月修订）

● 执业标准 3—3

执业标准 3—2 并未规定房源经纪人及合作经纪人不得制定更改合作酬劳事宜之协议。（1994 年 1 月通过）

● 执业标准 3—4

房地产经纪人®担任房源经纪人，具有绝对义务披露是否有双重或多重佣金的安排（如：因房源中介公司促成销售之佣金不同于因卖方/屋主或其合作经纪人所促成的佣金）。房源经纪人依实际情况应尽速向可能合作的其他经纪人披露如此安排的存在，同时披露合作交易与卖方/屋主促成的销售/租赁两者间的差额。若所合作经纪人为买方/承租人的代理，则此买方/承租人的代理人必须在客户提出购买或承租建议之前向客户告知此信息。（2002 年 1 月修订）

● 执业标准 3—5

子代理人有义务于购买或租赁契约执行前后，向当事人的代理人立即披露所有相关事实。（1993 年 1 月修订）

● 执业标准 3—6

若有任何已接受之报价存在，包括具有未解决的应急费用的报价，房地产经纪人®应告知寻求合作关系的任何经纪人。（1986 年 5 月通过，2004 年 1 月修订）

● 执业标准 3—7

依据管理或房源合约，房地产经纪人®若欲从其他房地产经纪人®处取得资料，应告知其同为房地产经纪人®之身份，以及此询问是为本人还是为客户所提出；若为客户提出询问，则必须告知其代理人的身份。（1995 年 1 月修订）

● 执业标准 3—8

房地产经纪人®对于是否可参观或检视所发布的房源，不得作不实的告知。（1987 年 11 月修订）

第四条

房地产经纪人®如未告知所有权人、所有权人之代理人或经纪人，本人、直系亲属、本人的公司成员或拥有公司股权或房地产的公司成员，皆不得入股、购买房地产或自己提出报价。销售本人或拥有股权之房地产时，房地产经纪人®必须书面知会买方或买方代理人所有权事宜。（2000 年 1 月修订）

● 执业标准 4—1

为保护所有关系人，第四条款所规定的披露应以书面为之，由房地产经纪人®于签订任何契约前提供。（1986 年 2 月通过）

第五条

房地产经纪人®若已拥有或考虑取得某房地产的股权时，则不应承担提供此房地产的任何专业服务，除非已向所有关系方具体地披露此股权事宜。

第六条

客户若不知情或不同意时，除房地产经纪人®不得收取任何服务支出费用的佣金、回扣或利润。

房地产经纪人®于推荐不动产产品或服务（如住宅所有权人保险、保固计划、抵押贷款融资及所有权保险等）时，除应向客户或顾客披露不动产介绍费用外，还需告知房地产经纪人®或其公司可能因此推荐而获得的任何经济利润或费用。（1999 年 1 月修订）

● 执业标准 6—1

房地产经纪人®若与其他组织或企业体有直接利益关系，在未向客户透露前，不得推荐或建议客户使用该组织或企业体的服务。（1988 年 5 月修订）

第七条

房地产经纪人®未向所有关系方透露及未向客户告知后得到同意，则于一笔交易中不得收取多于一方的佣金，即使法律许可，亦不得如此做。（1993 年 1 月修订）

第八条

房地产经纪人®应于适当之金融机构开设一特别账户保管他人信托之金钱，如委托账户金、信托基金、客户资金及其他类似的金钱，并与本人资金分开。

第九条

为保护所有关系人，房地产经纪人®应确保所有与不动产交易有关的协议，包括但不限于房源发布和代理协议、购屋契约以及租约，这些都尽可能以书面清楚为之，且以清楚明了的语言具体叙述条款、条件、各方的义务及承诺。签订契约或签字时，都要有一份协议提供给各关系人。（2004 年 1 月修订）

● 执业标准 9—1

为保护所有关系人，房地产经纪人®应合理地注意有关购买、销售或不动产租赁的相关文件，并以书面方式进行展延或修订，使即将过期失效的文件保持有效。（1993 年 1 月修订）

对社会大众之义务

第十条

房地产经纪人®不得因种族、肤色、宗教、性别、残障、家庭状况或国籍而拒绝提

续前表

供同等的不动产专业服务。房地产经纪人®不得参与任何因种族、肤色、宗教、性别、残障、家庭状况或国籍而歧视他人的计划或协议。(1990年1月修订)

房地产经纪人®从事不动产专业服务，不得因种族、肤色、宗教、性别、残障、家庭状况或国籍而歧视任何人。(2000年1月修订)

● 执业标准10—1

当涉及住宅销售或租赁时，房地产经纪人®不得主动提供任何小区的种族、宗教或族群组成的资料，也不得从事可能引起恐慌性销售的行动，但是房地产经纪人®可以提供其他人口资料。(1994年1月通过，2006年1月修订)

● 执业标准10—2

当未涉及住宅销售或租赁时，房地产经纪人®可以将与该房地产、其交易或职业分配有关的人口资料提供给对方。但这种情况仅限于：

(a) 房地产经纪人®认为此人口信息符合第十条的方式，在协助房地产交易和专业分配时必要；

(b) 此人口资料取自经过认可、可信赖、独立及公平的来源。此人口信息的来源，以及信息内容的增添、删除、更新、解释及其他变动应以合理的方式详细公开。(2005年1月通过，2006年1月重编号码)

● 执业标准10—3

房地产经纪人®不得印刷、张贴或散发任何具有种族、肤色、宗教、性别、残障、家庭状况或国籍偏好、限制或歧视的房地产销售或者租赁的说明或广告。(1994年1月通过，2006年1月重编号码)

● 执业标准10—4

如第十条所载，"不动产专业服务"涵盖雇员以及提供相关服务的独立承包商，也包括直接支持雇员及承包商的行政和事务人员。(2000年1月通过，2005年1月重编号码)

第十一条

房地产经纪人®提供给客户之服务必须符合其所从事的个别不动产领域的执业标准及能力。具体而言，包括住宅不动产中介、房地产管理、商业或工业用途不动产中介、不动产估价、不动产咨询顾问、不动产联合、不动产拍卖及国际不动产。

房地产经纪人®不得针对某一房地产或服务提供超出专业能力的房地产专业服务，除非有对此房地产或服务能胜任的专业人士协助，或除非向客户披露所有事实情况。客户必须被告知提供此协助者为谁，同时协助者所能提供的贡献也要明确列出。(1995年1月修订)

● 执业标准11—1

房地产经纪人®除了寻求房源发布或协助潜在买方拟定购买报价外，亦需要准备房地产价值或价格的意见书，包括下列几项：

1) 意见书所针对的房地产；

2) 准备意见书的日期；

3) 界定之价值或价格；

4) 限制条件，包括目的叙述及哪些人可以使用；

5) 任何现在或考虑中的利益关系，包括担任卖方/屋主或买方/承租人代理人的可能性；

6) 意见书之根据基础，包括适用的市场资料；

7) 若意见书并非估价，应扼要加以说明。(2001年1月修订)

● 执业标准11—2

道德准则所载之不动产专业义务（估价除外）的诠释和适用情况应依据社会大众一般合理认知之能力和执业标准，以保护大众权益，尤其考虑到交易的复杂度，需有专业人士协助；房地产经纪人®若担任代理人或子代理人时，还必须尽到信托人的义务。(1995年1月通过)

● 执业标准11—3

房地产经纪人®提供客户需收费（非佣金）之顾问服务时，必须保持客观，且意见或资料的实质内容与所收取费用的多寡无关。若除了顾问服务外，客户还要求其提供中介或交易服务，且房地产经纪人®和客户在之前已定有协议，则可收取另外的酬劳。(1996年1月通过)

● 执业标准11—4

第十一条所要求的权限与房地产经纪人®彼此之间，以及与其客户签订契约的服务有关，同时也与此道德准则明定的义务，以及法令或规章所规定的义务有关。(2002年1月修订)

第十二条

房地产经纪人®对社会大众所作的广告及说明应始终据实，同时广告中必须注明其专业身份（如经纪人、估价人及房地产经理人等），或注明为房地产经纪人®。(1993年1月修订)

● 执业标准12—1

房地产经纪人®在广告或其他说明文件中可使用"免费"或类似词汇，但必须同时清楚披露有关所提供产品或服务的所有条款。

续前表

（1997年1月修订）

● 执业标准12—2

房地产经纪人®若同时清楚披露自第三方获得利益的可能性，则可称其服务为“免费”或无须成本，即使房地产经纪人®预期可自客户外从第三方收取酬劳。（1997年1月修订）

● 执业标准12—3

提出优惠、奖品、商品折扣或其他房源、销售、购买或租赁诱因等本身并不违反道德准则，即使此类利益依赖于由房地产经纪人®中介而定的房源、销售、购买或租赁也是如此。不过，房地产经纪人®必须在任何有上述诱因之广告或其他公开或私下说明时，以谨慎及坦诚之态度，使任何有兴趣取得来自房地产经纪人®的利益者，都能事先对所有相关的条件有清楚、完整的了解。生意往来的任何诱因皆受州政府法令及所适用执业标准的道德义务的约束。（1995年1月修订）

● 执业标准12—4

房地产经纪人®在没有得到授权的情形下，不得进行房地产销售/租赁或广告。担任房源经纪人或子代理人时，房地产经纪人®不得以不同于原先与卖方/屋主协议的价格报价。（1993年1月修订）

● 执业标准12—5

房地产经纪人®在没有披露公司名称的情况下，不得自己刊登已作为房源发布的房地产广告或者准许员工或关系人为之。（1986年11月通过）

● 执业标准12—6

房地产经纪人®刊登自己拥有股权的未发布房地产之销售/租赁广告时，必须同时披露其为所有人/屋主及房地产经纪人®，或为领有证照的不动产业者。（1993年1月修订）

● 执业标准12—7

只有作为参与交易的房源经纪人或合作经纪人（销售经纪人）的房地产经纪人®可称已“销售”出房地产。交易促成前，合作经纪人必须在房源经纪人同意下，才可张贴“已售出”标示。（1996年1月修订）

第十三条

房地产经纪人®不得从事法律未授权的活动。交易中任何一方若需要法律意见，则应建议聘请律师。

第十四条

房地产经纪人®若于任何专业标准诉讼程序或调查中，被起诉从事不合伦理行为，或被要求提供证据，或以任何其他形式合作时，皆应向所属会员委员会评议庭或相关机构、协会或理事会提供相关事实证据，不得采取任何破坏或阻挠如此程序的行动。（1999年1月修订）

● 执业标准14—1

房地产经纪人®因同一笔交易或事件遭控告违反道德准则时，仅由一个所属会员理事会（Board of REALTORS®）评议庭或相关机构、协会或理事会进行此惩戒程序。（1995年1月修订）

● 执业标准14—2

房地产经纪人®不得于未授权情况下披露或散布有关伦理听证会、上诉、仲裁听证会或程序审查等任何指控、事实或裁定信息。（1992年1月修订）

● 执业标准14—3

房地产经纪人®不得以评议庭程序中仲裁请求的申请、伦理诉愿或证词，提出或威胁提出诽谤、中伤或破坏名誉的诉讼，控告专业标准诉讼程序的当事人或证人、阻挠专业评议庭的调查或专业标准诉讼程序。（1987年11月通过，1999年1月修订）

● 执业标准14—4

房地产经纪人®不得以同一事件或交易提出多重伦理控告，故意阻碍评议委员会的调查或惩戒程序。（1988年11月通过）

对房地产经纪人®同业之义务

第十五条

房地产经纪人®不得对竞争同业、同业公司或其执业状况故意或轻率地做出错误或误导的陈述。（1992年1月修订）

● 执业标准15—1

房地产经纪人®不得故意或轻率地提出错误或毫无根据的违反道德的控告。（2000年1月通过）

第十六条

房地产经纪人®不得采取与其他房地产经纪人®和客户间专属代理或专属中介关系不同或不一致的作为或行动。（2004年1月修订）

● 执业标准16—1

第十六条款并非禁止任何同业间合乎伦理之积极或创新的业务做法，亦非禁止与其他房地产经纪人®在佣金、费用、酬劳或其他形式之付款或支出费用上的不同做法。（1993年1月通过，1995年1月修订）

● 执业标准16—2

第十六条款并不禁止房地产经纪人®向可能成为客户的人作出所提供服务和条件之一般性叙述，即使有些客户可能已和另一

续前表

房地产经纪人®签订代理合约或有其他专属关系。针对某一地理区域，或某一专业、行业、社团、组织或其他分类方式的团体中可能成为客户的人所进行的电话拜访、一般信件邮寄或信息散布应视为本标准中所言之“一般性”范围。(2004 年 1 月修订) 第十六条款将以下两种招揽业务的方式列为基本上违反道德准则的行为： 第一，电话或亲自招揽已在不动产招牌广告、各种房源发布信息和其他业界信息中登录为已和另一房地产经纪人®有专属房源关系的房地产所有人； 第二，邮寄或以其他书面方式招揽已和另一房地产经纪人®有专属房源关系的可能成为客户的人，如此招揽并非一般性邮寄，而是特别针对当时房源、“出租”或“出售”广告标示，或其他第三条款所规定子代理或合作时，提供给其他房地产经纪人®之信息来源和多重上市服务（Multiple Listing Service）准则所列出之房地产所有人。(2004 年 1 月修订) ● 执业标准 16—3 第十六条款并未禁止房地产经纪人®与其他经纪人之客户联系，只要是提供或签订与当时其他同行业者所提供之服务不同及无关之不动产服务契约（如与中介不同之房地产管理）或为不受其他经纪人的专属协议管制的房地产提供相同类型的服务。但是，经由多重上市服务系统或其他合作安排所得到之信息则不得用来招揽可能已和其他房地产经纪人®有合作关系的客户。(2004 年 1 月修订) ● 执业标准 16—4 房地产经纪人®不得寻求发布当时已和其他经纪人有专属房源关系之房地产。但是，当房地产经纪人®询问房源经纪人时，若经纪人拒绝披露到期日及此发布之性质，即专属销售权、专属代理、公开发布或其他房源经纪人和客户其他形式之合约关系，则房地产经纪人®可与所有权人联络，取得此信息；也可以进行讨论未来由房地产经纪人®发布，或现存专属房源关系到期时，可能由房地产经纪人®接手的相关条件。(1994 年 1 月修订) ● 执业标准 16—5 房地产经纪人®不得招揽已签有专属买方/承租人契约的买方/承租人。但是，当房地产经纪人®询问买方/承租人的经纪人时，若买方/承租人的经纪人拒绝披露买方/承租人契约到期日，则房地产经纪人®可与买方/承租人联络，取得此信息；亦可进行讨论未来与房地产经纪人®签订买方/承租人契约，或现存买方/承租人专属契约到期时，可能由房地产经纪人®接手的相关条件。(1994 年 1 月通过，1998 年 1 月修订) ● 执业标准 16—6 若其他房地产经纪人®之客户主动联络房地产经纪人®，讨论建立同样服务的专属关系，且并非由房地产经纪人®直接或间接开启此话题时，可进行讨论未来契约，或现存任何专属契约到期时，可能由房地产经纪人®接手的事宜。(1998 年 1 月修订) ● 执业标准 16—7 可能成为客户的人过去已和某一房地产经纪人®有一笔或多笔交易的专属代理中介关系，并不能禁止其他房地产经纪人®未来与此可能成为客户的人做生意。(2004 年 1 月修订) ● 执业标准 16—8 与某房地产经纪人®签订专属契约，并不能排除或禁止契约到期时，由其他房地产经纪人®签订类似契约。(1998 年 1 月修订) ● 执业标准 16—9 签订任何代理协议时，房地产经纪人®有义务尽到合理的努力，以确定可能成为客户的人是否接受相同的不动产服务，并受仍具效力的现存专属契约的约束。(2004 年 1 月修订) ● 执业标准 16—10 担任买方/承租人的代理人或房地产经纪人®，必须在初次接触时，将此关系告知卖方/屋主之代理人或经纪人；同时在购买/租赁契约执行前，必将此告知以书面确认的方式提供卖方/屋主之代理人或经纪人。(2004 年 1 月修订) ● 执业标准 16—11 处理未发布房地产时，担任买方/承租人的代理人或经纪人的房地产经纪人®，必须在初次接触时，代表买方/承租人将此关系告知卖方/屋主；同时在购买或租赁契约执行前，必将此告知以书面确认的方式提供给卖方/屋主。(2004 年 1 月修订) 房地产经纪人®欲自卖方/屋主收取任何酬劳，必须于初次接触时即告知。(1998 年 1 月修订) ● 执业标准 16—12 担任卖方/屋主的代理人或经纪人，或房源经纪人的子代理人时，房地产经纪人®必须在现实允许的情况下，尽快将此关系告知买方/承租人；同时在购买或租赁契约执行前，必须将此告知以书面确认的方式提供给买方/承租人。(2004 年 1 月修订)

续前表

● 执业标准 16—13

任何有关专属发布的房地产，或与有专属关系之买方/承租人的往来，皆要通过客户的代理人或经纪人进行，不得直接与客户接触，除非客户的代理人或经纪人同意，或客户主动联系。

向“可能成为客户的人”提供实际的服务（如书写购买提议或提出竞争分析报告 CMA）之前，房地产经纪人®要询问可能的客户是否为专属代理合约中的一方。房地产经纪人®不得在已知可能客户为专属代理合约中的一方后，仍为其提供有关可能的交易的实际服务，除非可能的客户之专属代理人同意，或可能的客户给予指示。（1993 年 1 月通过，2004 年 1 月修订）

● 执业标准 16—14

房地产经纪人®可自由地与没有签订专属契约之卖方/屋主、买方/承租人或其他人签订契约或商议相关事宜，但除非客户于告知之下同意，否则不得要求客户担负支付佣金外费用的义务。（1998 年 1 月修订）

● 执业标准 16—15

任何合作交易中，房地产经纪人®应支付酬劳给合作的房地产经纪人®（主要的经纪人），在未告知合作经纪人及征得其同意下，不得直接或间接支付酬劳给其他房地产经纪人®所雇用持有合格证照之销售人员或关系人。

● 执业标准 16—16

担任子代理人或买方/承租人的代理人或经纪人的房地产经纪人®不得以使用购买/租赁条件，更改房源经纪人给予子代理人或买方/承租人的代理人或经纪人的酬劳；亦不得以房源经纪人已同意执行购买/租赁契约时，调整其酬劳作为附带的条件。（2004 年 1 月修订）

● 执业标准 16—17

担任子代理人或买方/承租人的代理人或经纪人之房地产经纪人®在没有房源经纪人之同意下，不得延长房源经纪人对其他经纪人提出的合作提案或酬劳机会。（2004 年 1 月修订）

● 执业标准 16—18

房地产经纪人®不得使用房源经纪人所提供的信息——不论是经由合作关系中的多重上市服务系统，或其他合作关系而取得——将房源经纪人的客户转介给其他经纪人，或与房源经纪人的客户建立买方/承租人关系。由房源经纪人授权者则不在此限。（2002 年 1 月修订）

● 执业标准 16—19

房地产出售、出租、租赁或转让的广告标示必须得到卖方/屋主的同意才能张贴。（1993 年 1 月修订）

● 执业标准 16—20

房地产经纪人®与所服务公司雇佣关系终止前后，皆不得劝诱公司客户取消与公司的专属契约关系，但并不禁止房地产经纪人®（主要经纪人）与公司同事协调专属契约的转让事宜。（1998 年 1 月通过）

第十七条

房地产经纪人®（主要经纪人）若因其身为房地产经纪人®的工作身份，与其他公司之同业发生如执业标准 17—4 所载之契约争端或某些非契约争端时，房地产经纪人®应依据同业评议委员会相关规定，提出仲裁申请，而非采取诉讼途径。房地产经纪人®之客户欲将因不动产交易所产生的争端诉诸仲裁，且同意接受仲裁裁定的约束时，房地产经纪人®必须依据同业评议委员会相关规定提出仲裁。本条款之参与仲裁程序义务中包括房地产经纪人®（主要经纪人）有义务请所属公司参与仲裁，且接受仲裁裁定之约束。（2001 年 1 月修订）

● 执业标准 17—1

房地产经纪人®将可仲裁的案件提起诉讼，且拒绝撤回，即表示拒绝仲裁途径。（1986 年 2 月通过）

● 执业标准 17—2

如所有争端之关系人皆以书面告知评议委员会不愿由理事会仲裁，则第十七条款并不要求房地产经纪人®于此情况下仍诉诸仲裁途径。（1993 年 1 月修订）

● 执业标准 17—3

房地产经纪人®于不动产交易中若是唯一经纪人，当与其他房地产经纪人®发生争端时则无义务将争端诉请仲裁，除非有仲裁解决争端之书面协议存在。（1996 年 1 月通过）

● 执业标准 17—4

根据第十七条款，得以诉诸仲裁途径的非契约争端包括下列几项：

1）房源经纪人若已付给一合作经纪人酬劳，另有一合作经纪人声称销售或租赁是由他促成的。此个案中申请人可以第一位合作经纪人为相对人，提出仲裁；房源经纪人不需要是相对人。另一方式则是以房源经纪人为相对人提出仲裁，而房源经纪人则以第一位合作经纪人为第三方相对人。两种情况下，有关此交易合作关系的酬劳当时或后续之申请，仲裁庭都能做出令人信服之裁定。

续前表

（1997 年 1 月通过）

2）买方/承租人的代理人已自卖方/屋主处收取酬劳，酬劳并非由房源经纪人支付时，房源经纪人因此将卖方/屋主所应付之佣金调低，而之后却有另一合作经纪人声称是由他促成此销售或租赁交易的。此个案中申请人可以第一位合作经纪人为相对人，提出仲裁；房源经纪人不需要是相对人。另一方式则是以房源经纪人为相对人提出仲裁，而房源经纪人则以第一位合作经纪人为第三方相对人。两种情况下，有关此交易合作关系酬劳当时或后续之申请，仲裁庭都能做出令人信服之裁定。（1997 年 1 月通过）

3）买方/承租人的代理人已自买方/承租人处收取酬劳，酬劳并非由房源经纪人支付时，房源经纪人因此将卖方或屋主所应付之佣金调低，而之后却有另一合作经纪人声称是由他促成此销售或租赁交易的。此个案中申请人可以第一位合作经纪人为相对人，提出仲裁；房源经纪人不需要是相对人。另一方式则是以房源经纪人为相对人提出仲裁，而房源经纪人则以第一位合作经纪人为第三方相对人。两种情况下，有关此交易合作关系酬劳当时或后续之声请，仲裁庭都能做出令人信服之裁定。（1997 年 1 月通过）

4）房地产公开发布情况下，若有两位以上房源经纪人声称应领取酬劳，卖方/屋主同意参与（或主动提出）仲裁，且愿意接受裁定之约束。另外，若其中一房源经纪人已自卖方/屋主处收取酬劳，另一房源经纪人提出申请，以第一位房源经纪人为相对人，两位经纪人间可进行仲裁程序。（1997 年 1 月通过）

5）当买方/承租人的代理人从卖方/屋主，而不是从房源经纪人处领取酬劳，房源经纪人因此将卖方/屋主所应付的佣金调低，而发生房源经纪人主张自己是该销售或租赁成交主因的情况。发生这种情形时，要在房源经纪人和买方/承租人的代理人之间进行仲裁，争论中的金额仅限于房源经纪人同意的调低的佣金额度。（2005 年 1 月通过）

本道德准则于 1913 年通过，之后于 1924，1928，1950，1951，1952，1955，1956，1961，1962，1974，1982，1986，1987，1989，1990，1991，1992，1993，1994，1995，1996，1997，1998，1999，2000，2001，2002，2003，2004 及 2005 各年之年会中修订。

注释

读者必须了解全美协会理事会已通过的下列政策：

对房地产经纪人®提出违反道德准则的控诉。所谓违反必须指违反准则中一条或一条以上的条款。提出控诉时，可以引述执业标准作为佐证。

执业标准是用以理清诸多条款及附则的道德义务，不得取代道德准则的诠释或个案诠释。

现有执业标准有时会修订或增订新标准，读者应留意并确保其所使用的是最新版本。

2006 年全美房地产经纪人协会版权，166～288 页（2005 年 12 月版）

小　结

22 有关营销的理解有多种方式，包括诸多要素，比如：4Ps（产品、价格、促销、渠道），社会影响、合法性、竞争、经济景气、组织状况和技术环境等。

销售过程包括几个明显的活动阶段：准备、目标客户开发、确认目标客户、销售、让客户满意、跟踪和咨询。这些阶段在后面的章节中将会详细讨论。成功的销售人员具有一定特质（我们可以用五个单词的首字母 CRAFT 来表示）。

销售被定义为一种影响他人的艺术，以帮助他们做出解决问题的决策，使各群体均受益。房地产销售职业的优点有高收入机会、有限监督、公众接触和职业成长，不好的地方有收入不确定、需要努力工作、常被拒绝和难以控制。

从全美**房地产经纪人**®协会及其要求所有会员都必须遵守的《道德准则与执业标准》中可以看出，对房地产行业从业人员专业化的要求越来越高。

复习题

1. 营销概念中包括哪几个要点？
2. 如何对销售进行定义？
3. 房地产销售职业的优缺点分别是什么？
4. 房地产销售对于任何人都是一个好的职业吗？
5. 你如何定义专业化？
6. 你认为一个销售人员应该给消费者提供什么？

讨论题

1. 你是如何定义营销的？
2. 营销和销售有什么区别？
3. 你是如何定义销售的？和本书中描述的定义相比较有何异同？
4. 在本章描述的销售过程模型中有什么需要添加的？
5. 你认为什么是房地产销售和营销职业的优缺点？
6. 为什么有些人会对销售人员有不好的看法？
7. 你认为一个成功的销售人员必须具备什么样的特质？

情景题

23

你该如何说？

你高中时代最好的朋友对自己目前的工作很不满意。你对其职业转换提供了一定的意见，其中有一个选择是房地产销售。你的朋友问了下面三个问题：

1. 你认为房地产销售是一个可以从事的好职业吗？
2. 成功销售房地产需要做哪些工作？
3. 我如何对这个行业有更多认识呢？你是如何应对的？

行动指南

想要获得更多信息，请访问 http://www.easytechtips.com，并点击“Resources”。

注释

[1] Adapted from E. Jerome McCarthy, *Basic Marketing*, 7th ed. (Home wood, Ⅱ1.: Richard D. Irwin, 1981).

[2] Committee on Tenns, *Marketing Definitions: A Glossary of Marketing Terms* (Chicago: American Marketing Association, 1960).

第 2 章

房地产销售和营销的技术方法

关键词

25 平板电脑（tablet PC）

PDF 文件（portable document format）

智能电话（smart phone）

闪存（jump drive）

GPS 全球定位系统（Global Positioning Systems）

文字处理（word processing）

虚拟现实场景（virtual tours）

数据库（database）

技术方法概述

如今的房地产业务需要多种工具和任务，这是每一个房地产专业人士必须学会的。这些年来房地产行业最重要的发展是，学会和运用有效的技术方法。互联网、便携式电话和计算机改变着房地产业务的面貌。下面是一个简单的历史回顾：

- 20 世纪 80 年代早期，多重上市服务（Multiple Listing Service，MLS®）① 需要收集从当地打印店中用彩色纸打印的每两周更新一次内容的纸张。而如今，

① Multiple Listing Service，是美国房地产行业的专业术语。这种房地产营销新模式的核心，是通过特定的软件技术和网络手段，使加入该系统的各个独立中介商的所有房源信息形成一个统一的互通体系。——译者注

本地的 MLS ® 服务通常通过网络提供，很多房地产专业人士通过手机就可以进入。

● 桌面排版（desktop publishing）[1] 在多年前还需要花费大量时间，需要用排版机进行大量的逐字修改直到最终合适。而如今通过数码相机、彩色激光打印机和桌面排版软件，经纪人在“公开求售”的房产现场就可以为客户定制出传单和册子。

● 以前需要驱车去拿钥匙才能看房，而如今只需要一些代码和手持装备。

26 ● 虚拟现实场景（virtual tours）[2]、播客（podcasts）[3] 和有关房产与土地的个性化网页正在改变房地产专业人士用技术进行营销的方法。

本章要重点讲解的是房地产行业现在可以使用的一些技术方法。

设计技术方法预算表

执行有效的技术方法需要房地产专业人士每年都要投入一些资金。确保你的花费是有效使用的，是必须要花的，从而决定你要买什么样的电脑（是台式电脑、笔记本电脑、还是平板电脑[4]），在你的业务中是用数字手机还是用智能手机（smart phone）[5]，是用激光打印机还是喷墨打印机，用何种类型的网站，以及其他各种需要。

最好的方法就是做一个如表 2—1 所示的预算表。在表格中列上你认为在你的房地产职业生涯中需要的技术工具，填写在合适的位置，然后去你所在地区的电脑店或者到网上购买。

无论你在房地产职业生涯中需要选择什么样的技术方法，很重要的一点就是你必须要有经营计划和财务预算的意识。

---

① desktop publishing，指通过计算机系统进行文字编辑、版面设计和图形图像处理，并完成符合出版要求的排版工作。——译者注

② virtual tours，使用自己的数码相机和计算机自动地创建一个无数量限制的主机、优化的搜索引擎、商标及虚拟旅游幻灯片演示。——译者注

③ podcasts，是数字广播技术的一种，出现初期借助一个叫“iPodder”的软件与一些便携播放器相结合而实现。Podcast 录制的是网络广播或类似的网络声讯节目，网友可将网上的广播节目下载到自己的 iPod、MP3 播放器或其他便携式数码声讯播放器中随身收听，不必端坐电脑前，也不必实时收听，享受随时随地的自由。更有意义的是，人们还可以自己制作声音节目，并将其上传到网上与广大网友分享。就像博客颠覆了被动接受文字信息的方式一样，播客颠覆了被动收听广播的方式，使听众成为主动参与者。——译者注

④ tablet PC，平板电脑，其最关键的特征就是操作系统采用了 Windows XP Tablet PC Edition，而日常见到的笔记本系统一般用的是普通的 Windows XP。Windows XP Tablet PC Edition 除包含了 Windows XP 的所有功能，还增加了笔控输入、手写辨识与转换、语音辨识等额外功能。——译者注

⑤ smart phone，微软开发的智能手机，这种手机结合 PDA 功能，可供客户浏览网页、收发电子邮件，属高端手机产品。——译者注

27 **表 2—1**　　**技术方法预算表模板**

需要的软件/硬件	费用	购买的数量

电脑需求

对于一个房地产专业人士来说，你的大多数时间是花在办公室外的。确定什么样的电脑能满足你每天的所需，这点非常重要。一些房地产专业人士在办公室有一台台式电脑，而所有的房地产需求信息却放在家里的另一台台式电脑里。有两台电脑的麻烦就在于当你在一处却想获取另一处电脑的信息时是很困难的。虽然你可以用移动硬盘把信息从一台电脑转到另一台电脑上，但花费的时间较多。一些房地产软件供应商，比如 Top Producer®，提供了一种网络系统，可以实现信息在远程电脑上存取。这点非常重要，但是如果你在一个没有互联网的地方（比如在“公开求售”的房产现场），那你也将无法获取信息。考虑到大多数的程序在拨号上网的状况下运行都不好，因此你最需要一个高速网络连接。

房地产专业人士也许会选择笔记本电脑或者平板电脑用于日常工作。一台移动电脑可以使你在任何地方（包括汽车里）、任何时间获取信息。用笔记本电脑还可以使你很方便地在售房现场向买方及卖方讲解信息、播放幻灯片，也可以很方便地在路上收发电子邮件。

平板电脑将笔记本电脑的功能完全上升到一个新的水平。通过**平板电脑**，你可以做笔记（在电脑屏幕上）、画建筑平面图，还可以填写销售合同（将草稿转
28 换成标准格式）。许多房地产专业人士用平板电脑与买方及卖方签署文件，并将该文件通过电子邮件或者传真跨城市、跨国家地发给委托方或者其他经纪人。平板电脑提供了传统笔记本电脑所没有的功能。图 2—1 显示的例子就是通过微软 Journal 软件做出来的——一张照片配上经纪人写上的评论言语。这个例子显示

出通过平板电脑可以多么轻松地将信息电邮给你的客户。

图 2—1　在平板电脑上通过微软 Journal 软件做出的手写笔记

便携式手机/智能手机

在你使用的技术方法工具箱里，还有一个重要的东西就是手机。现在有许多种类型的数字手机，还有新型的智能手机可以使用。房地产经纪人使用手机可能比其他类型的销售人员都要多得多。了解和遵守所有当地的和所在州的法律是很重要的！有一些州禁止在开车时拨打或接听手机，所以你在开车时一定要慎重使用电话。如果有可能，你最好把车停在路边再拨打或接听电话，或者使用接收装置让你不需要用手去接听电话。

智能手机非常独特，它可以打开那些在台式电脑和笔记本电脑上使用的软件程序。例如，我虽然可以通过数字手机接收电子邮件，但是我不能（至少在本书出版时不能）用传统的数字手机打开 Word 文件。通过智能手机，你可以打开许多程序和文件，比如微软的 Powerpoint、Excel、Top Producer 数据和 MLS 记录等。

29 **行动指南**

一些房地产专业人士将智能手机完全上升到了新的水平。智能手机通过 GPS 全球定位系统，提供到所要去的房子的路线图，还可以将虚拟现实场景文件和小型数字电影文件存储到单独的多媒体卡上，这样就可以在智能手机上使用。传单、文件和大量的信息均可以存储到这个装置上，还可以通过移动打印机打印出来。

因为许多产品和各种类型的移动智能手机是由惠普公司生产的，所以要想了解相关信息可以访问 http://www. HP. com/go/realestate3。

表 2—2 是一个短小的检查列表，列出了一些你在决定智能手机还是一般的移动手机更适合你时，应该考虑的问题。

如果表 2—2 中的大多数问题你回答“是”，那么购买智能手机对于你而言可能是更好的选择。

表 2—2　　　　购买数字手机还是智能手机的检查列表

问题	“是”	“否”
你是否愿意因客户和对外联络而有不止一个电话号码和电子邮件?		
你是否需要在一天中有规律地查收电子邮件?		
你是否有兴趣每天都查看你的收入和花费?		
你是否在外出时经常需要上网或用本地的 MLS 系统?		
你每天都使用微软的 Out look 软件或扮演联络员的角色吗?		
你是否每天都有繁忙的日程安排?		
你是否喜欢掌握你的工作和每日进度?		
你是否因为有多个电话或者其他信息的接收器而烦恼?		
你是否愿意为你的消费者或者客户展示本地区房产的视频或者图片?		
你渴望每天 24 小时网络在线吗?		
你是否每天都要使用 Word 或者 Excel 等软件?		

数码照相

如今许多客户在和房地产经纪人接触之前都会通过互联网提前浏览房产的相关图片。如果不能提供充足的照片，也许这些房产就很难被注意到或者容易被忽略。一些客户只会选择浏览那些有虚拟现实场景图片的房产。

你可以选择许多种类型的数码相机，通过各种不同类型的多媒体卡和芯片实现相机和电脑之间的数据转换。

数码照相可以使你为自己的房源放置无数张照片。大多数 MLS 服务提供商都会允许在他们的系统上通过虚拟现实场景或者其他虚拟现实多媒体方法上传无数张照片。许多相机会有广角或者全景软件，可以让经纪人照出他们营销的房产最好状态的照片。

数码照相不好的地方是如果房地产经纪人没有选择好的设备装置的话，照出来的效果可能不像传统相机那样好。

许多房地产经纪人使用的另外一种数码照相的方式是使用数码摄像机。如今
30 经纪人可以为要卖的房产拍摄配有讲解和音乐的数码短片。这些新的数码产品也可以用在智能手机上向消费者演示，或者上传到网络和本地的 MLS 服务系统上。

行动指南

虚拟现实场景是目前描述所营销房源的常用的方法。有几个供应商提供这种服务，请访问 http://www.ipix.com 和 http://www.visualtour.com 浏览两个软件供应商的应用计划和特色。虚拟现实场景供应商往往需要在年费的基础上对每一个制作收取额外的费用。虚拟现实场景只是在网上进行房地产营销所花费用的一部分，这是一种新的趋势，也是房地产专业人士每年预算费用中新的部分。

软　件

也许对于房地产经纪人而言最昂贵的技术方法是运用软件。好的房地产专业人士需要在业务中有效应用很多类型的软件。下面就是房地产经纪人也许会用到的多种应用软件：

31
- 客户接触管理软件
- 数据库需求软件
- 日程安排任务/需求软件
- 桌面排版软件（制作传单和册子）
- 会计和出纳软件
- PDF 软件
- 文字处理软件
- 演示软件
- 照片编辑软件
- 特殊应用软件

下面让我们对每一个类型的软件进行详细描述。

客户接触管理软件

许多房地产业务都需要有很好的客户接触管理系统。能够获得消费者和客户的记录与信息对于经纪人来说是非常重要的。有不少软件是专门为房地产经纪人设计的。Top Producer 就是其中一个常用的软件，因为它主要是进行客户接触管理的。实际上，Top Producer 软件还有很多针对房地产经纪人设计的其他功能。Top Producer 软件操作简单，大多数工作都是预先安装在程序中的。例如：信件、行动计划和定制化传单都已经预先安装在软件中，房地产经纪人只需要根据自己的需要选择使用这些已经存在的信息或者对这些信息进行删减添加。房地产经纪人可以通过下载程序并将其存储在自己的电脑上，或者通过高速网络连接每月在网上订购来获得 Top Producer 软件。

许多房地产专业人士还在使用类似微软 Outlook 这样的软件，此外，其他许多客户接触管理软件如 Act 和 Goldmine 等都是可以作为房地产业务的附加软件。
32 使用这些客户接触软件是你工作中最大的部分，因此对于你的房地产职业生涯而言，拥有一个好的软件并且能有效操作它，是非常必要的。

数据库需求软件

数据库软件通常可以通过客户接触管理软件完成，然而，一些从业时间较长的房地产专业人士更愿意将一些以前的消费者和客户数据记录转移到单独的数据库中。你的数据库会成为未来业务的金矿。收集诸如你的客户在贷款时所接受的利率等信息，对于你以后进一步接触客户会有很大的帮助。比如：当利率降低了，你应该联系你以前的客户，告诉他可以用房产抵押再贷款，这样可以节省上千美元。你还可以为以前服务的消费者和客户送上生日卡、纪念卡或者购房周年纪念物，这些都是保持客户接触的好方法。让这些信息每个月都提醒你，就能使你和其他普通的房地产专业人士有所区别，帮助你创建更长久、更有生机的房地产职业生涯。

日程安排任务/需求软件

上面我们已经提到的大多数软件，如 Top Producer、微软 Outlook、Act 和 GoldMine 等，都具备约会和任务提醒等功能，使你每日的日程安排很顺畅。对于房地产经纪人而言，有一个日程规划和每日目标是非常重要的，你对房源发布、修改协议、售后服务以及你要服务的买方、你要相处的朋友和家人都应该有相应的行动方案。执行拟订好的目标和规划的最简单的方法，就是用一个软件来提醒你去做这些日程安排。就像我们提到的客户接触软件那样，有一个好的日程安排软件对于你的房地产业务的成功来说，即使不是关键的，也是必需的。

桌面排版软件

制作房源宣传手册，对于有效展示你要卖的房产是必需的。微软的 Publisher 软件和 Adobe ® 的 Photoshop 软件是最常用的两种桌面排版应用工具。惠普
33 公司开发了一个叫做“房地产营销助手”的软件，可以和本地的 MLS 供应商连接，从 MLS 系统上直接将数据输入宣传手册的模板上。这个功能使房地产经纪人在编制房地产宣传资料方面节省了大量时间。

会计和出纳软件

Intuit 公司的 Quicken 软件和微软公司的 Money 软件是可以让房地产经纪人掌握收入和支出的两个财务软件。这两个软件对于房地产专业人士了解财务项目以及到年底为报税提供税收信息都是非常理想的，而且都非常容易操作，是房地产经纪人在开展业务过程中必需的软件。

行动指南

微软的 Map Point 和 Streets and Trips 是两个好的软件，用于帮助房地产专业人士记录每天的行程。这两个软件都可以帮助经纪人画出地图，计算公里数。

在这两个软件中挑选一个用来记录行程，可以使房地产专业人士知道自己去过的地点或地方。当你把所有你去过的地点列出来，然后点击“创建”按钮，程序就可以计算出你今天去过的各个地方所有的里程数。将这个报告存下来或者打印出来，将里程数记录到你的笔记本中，那么到年底时你就可以有一个很好的文件，准确地知道你跑了多少里程。

PDF 软件

Adobe 公司的 Acrobat 软件完整版可以让房地产专业人士创建一个 PDF[1] 文件，这个文件可以被上传到网络上，或者发电子邮件给房地产经纪人或消费者以推动房产销售。PDF 文件可以在所有电脑上打开，无论该程序在什么样的特殊电脑上。

文字处理软件

和消费者、客户进行沟通是房地产经纪人每日安排中的重要职责。有一个好的文字处理软件对于你和客户的通信是非常必要的。许多文字处理软件都可以让你为客户制作出文件和宣传册，可以让你通过数据库群发电子邮件，以及处理其他各种工作。请访问 http://www.5Minutes.com 去浏览相关内容，该网站提供了微软 Word 文件模板，可以用于广告写作和给买卖双方写信。

演示软件

有时，房地产经纪人需要在向买方或卖方做演示的时候使用笔记本电脑或平板电脑。微软的 Powerpoint 软件是你在业务开展中做演示时使用的最好工具。
34 其他一些软件，如 Top Producer 和 Agent Online 等，也都为房地产经纪人提供了演示软件模板。你可以访问 http://www.microsoft.com/office 去了解更多有关微软 Powerpoint 软件的内容。

照片编辑软件

照片在公布到网络或者提供给当地媒体渠道时常常需要进行细小调整，因此你需要使用特殊的照片编辑软件。改变照片的尺寸、提高亮度、增加覆盖图等工作都需要通过照片编辑软件来完成。许多数码相机都提供了这种应用软件，使你

---

① PDF 全称 portable document format，是便携文档格式的简称，同时也是该格式的扩展名。它是由 Adobe 公司所开发的独特的跨平台文件格式。它可把文档的文本、格式、字体、颜色、分辨率、链接及图形图像、声音、动态影像等所有信息封装在一个特殊的整合文件中。这种文件格式与操作系统平台无关，也就是说，PDF 文件不管是在 Windows，Unix，还是在苹果公司的 Mac OS 操作系统中都是通用的。——译者注

能够顺利地完成这些工作。

特殊应用软件

每一天都有新的技术产品出现，理解和学习新技术的发展是房地产经纪人职业生涯中很重要的部分，但并不是所有的新技术都可以在每项房地产业务中使用上的。价格以及客户的个性特征和房产类别经常决定了这些技术是否在市场贡献中发挥作用。一些新的技术已经突破了现在的观念，比如将房源发布中的房子用个性化交互式的 CD-ROM 和 DVD 形式来代理销售。

创建 e-book、podcast 格式的文件和个性化网站也都是当前许多房地产经纪人工作中的重要组成部分。

行动指南

许多软件供应商可以为你创建互动式 CD 和 DVD。比如，AutoPlay 软件（http://www.indigorose.com）可以完全用视频、音频、虚拟现实场景、建筑平面图、文件、网站链接来帮你做出预售房屋的互动式 CD 和 DVD。对于需要技术的高端房产、土地或者其他大型项目来说，AutoPlay 是一种创建个性化的理想技术工具。

35 **行动指南**

这几年，能够插在 USB 接口上的拇指大小的移动硬盘非常流行。这种闪存（jump drives）有大量的信息空间，非常合适存储有关房产的幻灯片、重要的文件和房地产专业人士外出或在远程电脑上工作时需要的其他信息。

许多经纪人也在使用数码录音设备来记录备忘录、笔记、日常任务等等。在看房的时候用数码录音设备来记录所要出售房产的特色和信息是非常有用的，以便于后期在办公室修改所有信息。一些房地产专业人士出于推广业务的目的，还将客户和消费者在销售结束后的赞美和认可用数码录音设备录下放在网上。

移动硬盘也是一个重要工具，因为它可以让经纪人在其他地方将文件、照片、视频和虚拟现实场景等存储进去。移动硬盘还可以备份数据以避免电脑崩溃带来的数据丢失。

无线上网卡在很多房地产专业人士中都是很流行的。这种 PCIMA 卡使房地产经纪人不需要电脑拨号设备就可以远程登录网络，甚至是在出售房屋的现场、客户家中或者在汽车前排座位上。

网　站

房地产专业人士进行市场规划时另一个重要的内容是要创建一个个人网站。

房地产经纪人现在都知道，拥有个人网站而不是仅仅依赖经纪公司或者办公室的网站是多么重要。注册网站域名并且为你的网站添加你需要关注的内容。许多供应商为经纪人免费提供网站并且链接对消费者有用的信息。许多网站供应商允许经纪人用他们自己的预售房产信息、照片、虚拟现实场景和社区信息来定制自己的个性化网站。提高网站的点击率是你营销努力中的重要部分，要确信你的网站重于一切。一些房地产专业人士为需要出售的特殊房产和土地创建定制化的网站，甚至提供当地社区的就业信息。为了能够很好地获得网络技术和网站空间，房地产专业人士想尽一切办法通过网络营销来接触消费者。如果有着大量的信息、资源和其他有用数据，就可以让消费者一次次重新回来浏览你的网站。

36 将你目前所要销售的房源信息从 MLS 系统链接到你的网站上是必需的。大多数 MLS 供应商通过一个简单的网络链接就可以提供这样的服务。联系一下你的 MLS 供应商，将这项功能加到你的网站上吧。

将这些技术放在一起

许多房地产专业人士购买了技术产品和工具，但是发现没有时间来学习这些软硬件，因而不能很好地运用这些技术。为了让这些技术成功地在你的房地产职业生涯中应用，你需要花些时间来学习如何使用你所选择的这些技术。你可以通过网络资源来学习更多的技术。为了很好地运用这些技术，你应该：

- 考虑学习网络电脑课程；
- 访问网络公告板来获取如何使用软件的信息；
- 考虑雇用一个熟悉电脑和技术的年轻人来教你如何用新工具；
- 访问软硬件制造商网站并且查找“常见问题解答（frequently asked questions)”；
- 看看你所在地区的社区或者学校是否提供使用电脑的课程；
- 每天花一些时间操作电脑和软件。

房地产专业人士面对当今技术的发展不能泄气，而是要采取积极的态度和方法来掌握和运用这些技术。

就如我们讨论的那样，有很多类型的软件可以为房地产经纪人所运用，包括 Top Producer、Act、Goldmine、Agent Online 等等。许多用来制作贺卡、商务卡、信笺等的免费软件，可以从 Avery、惠普和柯达公司获得。对于房地产专业人士来说，重要的是购买那些你觉得好用的、你能够懂的和你每天都要用的软件。本章只包含了能够为房地产专业人士所运用的软件工具中的一小部分。一个有关房地产软件的网站会为你的房地产职业生涯提供更多的工具。

行动指南

一个获取网络技术课程的好网站——http://www.hponlinecourses.com。这个网站免费为房地产专业人士提供很多类型的课程。

小　结

37 互联网和技术改变了房地产专业人士开展业务的方式。年轻的房地产经纪人进入这个行业，开展业务时在应用这些数码设备方面具有领先优势。作为房地产专业人士，拟订一个你所需要的工具清单是非常重要的。投资买一个数字手机和电脑对于你很有用；拍摄大量数码照片，并且学会如何为你的客户制作虚拟现实场景；运用软件每天帮助你跟踪业务预约安排、收发电子邮件和处理文字；大胆地运用特殊技术，比如 CD-ROM 和 DVD、数码录音设备，从远程进入网站；运用网络技术制作个人网站，将你所售房源从本地房地产经纪人® MLS 系统链接到你的个人网站，并且增加网站内容，推广你的网站，使它在当地有很高的点击率。并且记住：有时候技术不一定就合适，而用一些老方法做事不一定是坏主意。

复习题

1. 描述房地产专业人士编制预算的最好方法。
2. 列出现在房地产经纪人在开展业务时常用软件的供应商。
3. 平板电脑和传统的笔记本电脑有什么区别？
4. 为什么房地产经纪人想要投资购买智能手机而不是一般的数字手机？
5. 列出数码照相的优点。
6. 列出数码照相对于房地产专业人士不利的方面。
7. 本书列出了哪两家能够为房地产专业人士提供虚拟现实场景制作的公司？
8. 描述微软的 Outlook 软件及房地产经纪人如何运用它。
9. 解释为什么房地产经纪人会想着使用互动式 CD-ROM。
10. 描述微软 Map Point 或 Street and Trips 是如何帮助房地产专业人士的。

讨论题

38 1. 你认为现在在开展业务中哪些技术工具对房地产经纪人来说是必需的？

2. 请提供你认为在你所在当地社区中适合在网络上发布的内容清单。

3. 请你举例说明，你认为什么时候在房地产业务中运用技术方法并不是一个好主意。

第 3 章

确定你的市场

关键词

39 增值（appreciation）
房地产开发（real estate developments）
陌生推销电话（cold call）
商业设施（commercial facilities）
市场领域（market area）
竞争市场分析（competitive market analysis）
公共设施（public facilities）
公共服务（public services）
政府结构（government structure）

出售你的知识

作为一个房地产经纪人，你需要为客户提供时间、精力和有关房地产及其过户方面的知识。这些知识，不仅要涵盖对房源发布协议和定金合约的复杂法律含义进行解释说明，还应包括对市场领域透彻准确的了解。一般的房地产经纪人知道需要做什么，但卓越的房地产经纪人知道他们为什么要做他们正在做的事。在这一章中，针对许多“为什么”的答案即将揭晓，包括为什么了解你的社区以及确定你的市场领域是多么重要。

决定在哪里开展工作

往往一些新的经纪人——有时也包括一些有经验的经纪人——不知道在哪个房地产领域开始工作。这是合理的，因为没有人能够了解整个市场；一些领域内的专业化知识对一个经纪人来说是必不可少的，他们可以以此来充分熟悉这个领域并能更有见识地出售那些房地产。一些经纪人认为他们不应该在某一方面限制自己的专业化，而是应该保持灵活性。如果这样，那么城市中最大的代理商将只会在镇中心有一个办公室，可这并不是建立一个房地产办公室最好的地方。

40

趋势和问题

另一个要考虑的方面是你应如何关注某一特定的针对房地产买家和卖家的利基市场。许多房地产专业人士都开始专门从事一些适于消费者的利基市场。专做高级成熟房产的专家，针对首次购买者的经纪人，专做湖滨房产的专家，以及针对过渡性房产需求的经纪人，都是房地产经纪人如何成功专注特定利基市场的实例。

考虑你的市场领域并制定一个房地产专家可能会专注的利基市场清单。

如果你要专注从事某个特定的房地产利基市场的话，请思考它是什么？你为什么要专注于它？你所在地区是否支持你所感兴趣的这个利基市场？

“多重上市服务”（MLS）往往将一个城市划分为几个象限，这是工作的起点。对于一个经纪人而言，每一个象限都是一个不小的区域，你需要了解关于它的一切。但是，因为它通常代表着许多小城市，这些销售人员最多只能了解有限的几个街道。图 3—1 是关于附近社区专业化需求的图例。

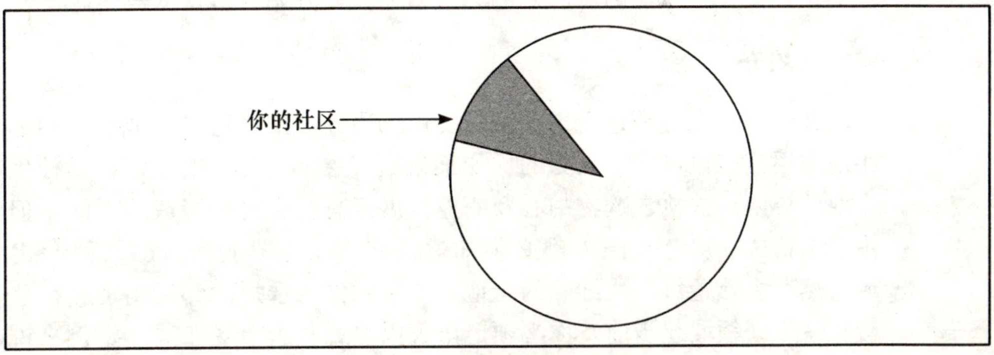

图 3—1 你所在城市地图

从房地产销售专业人士的角度来看，任何重大的市场都是由许多不同的社区构成的。如果没有某种预定的选择或**市场区域**（market area）的选定，经纪人注定要失败。如果一个可能成为客户的人需要的是经纪人所在市场领域以外的服
41 务，这时，经纪人可能会尝试提供服务或将业务转托给另一个经纪人。因此，尽可能多地利用业余时间去了解你的市场。优秀的培训师总是建议新的经纪人自己主动熟悉邻近社区，这里最有可能带来业务。

如果你在一个特定区域工作之前就这样做，你将会有更大的信心。调查一个区域重要的是调查这里的销售活动。其他考虑要点都将在第5章讲述。但请记住，那些了解过社区、调查过某些特定的市场领域，并且对他们所在的特殊市场领域的专业性问题有明确答案的人必将超过其他人。尽管这是非常重要的，但是在遇见一位可能的买家或卖主之前，不要试图花费你所有的时间来学会所有内容。你应尽可能地在研究上多花时间，但是要以不损害目标客户活动为原则。在房地产销售界，多数成功的经纪人证明，这是房地产销售业不可回避的生存之本。缺乏产品知识的人没有生存空间。

获得市场知识

关于你所在的市场领域，你应该知道些什么呢？这个问题最好是问你自己：如果你搬到一个新的城市或邻近地区，你会有什么问题。例如，无论你是位消费者还是开发商，你都会想要知道在这个区域里的学校、教堂、公共设施、公共业务等信息。

请永远记住，在房地产销售业，你必须从大处着手然后逐渐具体化。在确保你足够了解邻近区域的信息之后再动手才能做到最好。经验告诉我们，不管一个人是跨国还是跨城市迁移，都应该在先大体了解整个区域信息之后再具体演变到了解某一个房子。

几乎每个人都有这样的经历：一个营业员与你交谈不到10秒钟，然后告诉你："我确实知道你需要什么，它就在这里！"这个营业员可能最终无法售出任何东西给你。你不买他的产品是因为该营业员一开始就讲得太具体。

建立边界

经纪人首先必须建立现实可行的市场边界，这些边界可能是自然的，如一条小河或溪流；也可以是人为的，如某条城市主干道分割的社区；学校生活区也是重要的界限。铁轨、购物中心及商业发展区有时也可以当成边界线，但无论边界由什么构成，房产经纪人都必须知道这些。在地图上标示出某种形式的地理区域，然后去熟悉每一块细分的土地并扩展到你所选择的邻近街道。在这个行业或者在一个新领域起步前，你必须走出去以熟悉整个市场布局。举例来说，让自己熟悉你所在公司发布的房源以及其他主要的公司在这方面的工作，将会为你提供

一些关于你所界定的市场内资源清单的想法。

42 **◎学校**

一项针对已迁移或重新安置人群的市场调查显示：通常那些未来购买者提出的前几个问题总有一个关于周边学校信息的。比如说，某未来购买者可能到一个城镇定居，行驶在高速公路上时看见周边一块似乎很讨人喜欢的地段。这时，这位未来客户可能会找到某位房地产经纪人以寻求更多关于这块区域的信息。

经纪人应该确定客户的需求，包括为他找到一个好的邻近学校。但是，销售人员也必须小心谨慎，不要轻易做出价值判断，哪个学区是最好的取决于不同的个体家庭的特殊需要。一个好的学区对一个没有孩子的家庭来说也许意味着更低的财产税，而对于其他家庭则是对他们某一个孩子的一项特殊教育项目。另外，还有一些家庭可能将它视为一个在运动、音乐节目或全国优秀学者的数目方面有着较好声誉的地区。你应该对你所在区域内的学校有充分的了解，并知道他们的优势和劣势。但是如果你对客户的某一具体问题没有答案，就诚实地告诉你的客户你将为他们获取这些信息。

获取诸如有关注册问题等准确信息的最好方式是去这个学区的行政办公室，然后去拜访那些不同类型的学校并与学校主要负责人交涉请求一次参观。告诉其负责人说你需要为你的客户来了解这个学校的优劣势所在。这种姿态向学校展示你是一个关注邻近地区和学校，并对得到有关他们正确数据信息有兴趣的本地房地产经纪人。

不管你是否有孩子在你的市场区域内的学校里，你需要通过主办一些活动或参加几天的职业培训或另外一些短期在校教育并从中得到你想要的信息。关键是你要知道这个学校，同时也让学校认识你。如果你想要得到什么，先要给予他们一些东西。

行动指南

为消费者找出关于你所在市场区域内的学校信息的较好方式是把提供这些信息的销售商的链接放入你的网站。如需参考那些房地产专家是怎样通过互联网为客户提供统计数据和图表信息的，你可以访问 http://www.theschoolreport.com。

同时，你也能从该网站中了解到你究竟应该向你的客户提供什么样的信息。

43 **◎宗教会所（教堂）**

基督教堂和其他宗教会所也是社区的重要组成部分。很多时候，若非更甚，至少可以说宗教会所是和学校同等重要的。知道你的市场区域内所有的宗教会所和了解所有的学校一样困难。事实上，一些学校和各种各样的教堂相关。问那些未来购买者他们信奉哪种宗教，然后努力会见那个组织的行政人员并了解他们的一些常规活动。尽管你并不属于那个特定的宗教，但那些宗教设施依然可以成为你信息或者业务的资源库。牢记这一点：你清楚一个特定的宗教活动并不意味着你一定要接受它。

公共设施

在你的市场周围环境中的**公共设施**（public facilities）可以包含游泳池、公园、网球场、操场、高尔夫球场和图书馆。不管你认为它们将来能否被使用，所有对这个社区潜在购买者可能有利的公共设施都可以拿来吸引他们的眼球。即使他们一时对此不感兴趣，他们的需求也有可能改变，而那些可靠信息将帮助你使自己成为区域专家。你也必须了解老业主或者房地产所有者协会以及他们制定的要求未来新所有者必须熟悉的特有规则。

公共服务

任何一笔房地产交易都需要**公共服务**（public services）过户，例如水、电、煤气及废物回收等服务。您的潜在客户需要知道应该联系谁来处理这些过户以及大概费用是多少。在某些情况下，经纪人可以安排其中一些过户。这时你应该知道联系人的称呼、联系方式以及这些过户的平均价格。有些细分市场有自己的水电公司或水利管理机构，你需要知道是谁提供这样的服务。特别是如果买家遭受了火灾、抢劫或者类似事情时，你应该告知火警和治安保护机构的官员。公共交通，包括公共汽车和火车网络，也是十分重要的；请务必确认你掌握了最新信息。再次强调的是，这类信息对每种类型的房地产都是极其重要的，包括商务、工业和住宅领域的房产。

商业设施

调查你的市场周围环境中的**商业设施**（commercial facilities）也是极其重要的，为此你需要熟悉这里所有的餐馆、商店和银行。这样，下次你就能帮助那些从另一个城市搬入你所在市场领域的人们，把他们介绍给银行客户经理，或者向客户介绍银行所提供的特殊服务。如果他们没有事先选定，建议他们最好会见银行客户经理，说是你介绍他们过去的，并使他明白什么是该银行能做的。这时买者就能够将该银行的服务与其他银行相比较。如果他们做出选择，你可以联系银行客户经理说你可以为他推荐一个客户。这是你的商业广告中另一个重要部分；这样你会使多方心情愉快，并且多年后，其正面反馈可能会越积越多。

同样的方法用于医疗服务方面也是可行的。不管人们是跨城市还是跨国家迁移，他们都会需要新的医疗服务。询问你的客户是否希望把他介绍给你的牙医和医生，然后更进一步行动。大多数房地产经纪人都迫切需要与医生或牙医一起工作，就像和未来客户一样。这是一个非常好的方法来与他们建立联盟关系。这样的服务在你的职业生涯中发挥着十分积极的作用。诸如律师、会计师、修理工和其他必要资源等都应该去了解并与其建立同盟关系。

政府结构

很多潜在购买者对特定社区内的**政府结构**（government structure）相当感兴趣，包含政府的存在形式及政府官员都是谁，等等。新来到这个城市的人可能会询问一些关于城市的政府结构或者行政机构的情况，也可能会问市政委员会是怎样选举的、首席运营长官或者市长是谁等一系列问题。在此之前请先去了解这个区域，以便为解答他们的问题做好准备。但是，请务必避免牵扯到政治上的辩论。你只需提供准确事实，但注意不要使自己的政治倾向曝光。如果被问及你的个人看法，你可以表示一些中立的观点并简要解释它，务必表明它仅仅是你的个人意见。不要为了赢得辩论而失去客户。

房地产开发

你同样需要了解你的市场区域内各种各样的**房地产开发**（real estate developments）项目，即你需要了解你的市场区域内哪些地方有新的住宅楼或商务楼正在建设。如果你在一个拥有新的开发项目的市场中工作，你应该每个月至少投入一天时间来和开发商交流并逐步熟悉他们的计划、存量和政策。作为对他们的回馈，如果一些开发商想让你替他们宣传并给他们的售货处介绍客户，你得照办无误。

其他一些开发商可能期望你能为他们做一些必要的工作来完成一项销售活动，也有一些开发商可能不愿意和中介合作，你需要在带你的客户看房前了解开发商在这方面的意向。

一次，我们的一位经纪人找到一个开发商说，有客户先生（小姐）看过房后断定那正是他们想要的房子。开发商回应说，他们公司不会和任何房地产经纪人合作，也从不会付给任何经纪人一分钱。所以你千万要谨慎识别那些根本不想跟你合作的人，否则你将在帮他们卖掉房子后一无所获，所有的劳动都只能当做练习而已。

如果你了解你的邻近社区，你应当理所当然地为你的客户提供这些服务。你可能想要列出一张清单以确保你能够为你的未来客户提供所有的服务项目。如果你和许多邻近地区的新手一同工作，印刷一本简单扼要的《欢迎加入我们的社区》的小册子也可能会是一笔很好的投资。当你掌握了所有这些情况后，再展示那些房子时你会感到很有信心，而且你的信心也会随着销售业绩的不断递增而得到提高。表 3—1 列出了关于邻近地区内必须掌握的重要信息。

45 **表 3—1**　　**经纪人应掌握信息表**

关于你的社区你了解多少？
学校：地理位置，服务项目，联系方式。
教堂：地理位置，服务项目，联系方式。
公共设施：地理位置，价格。
公共服务：价格，联系方式，服务时间表。
商业方面：联系或推荐。
政府结构：**言简意赅的解释，此处务必谨慎！**
开发项目：清查盘货，展示产品，合作意向。
市场历史：市场增值或公平市价。是否制定了竞争市场分析表？
社区的其他方面：……

了解市场的历史

了解你的市场周边环境的历史至少使你在两个方面获益：其一，它会给你极大的信心，使你能够理智地讨论这个区域；其二，它会凸显出你作为一名能够解答你的客户关于这个特殊领域所有问题的专家或内行人的积极形象。

在选择一块市场领域时，有一些重要的因素需要考虑。对一个人来说是好的领域对其他人来说却未必如此。在第 5 章，即本书有关“营销阶段：将知识应用到实践”的这一部分中，这些重要的结论都会被涵盖进去。记住去选择一个对你来说非常合适的市场，然后尽可能地了解它。对于一个成功的房地产经纪人来说，一项必须从一开始就进行并从不间断的工作就是了解你的市场并持续关注它。

跟上市场活动的脚步

你需要对你的市场周边环境保持一个持续的**竞争市场分析**（competitive market analysis，CMA）。CMA 是指一张列出了哪些物业待售、哪些近期售出以及哪些上市没有出售的表格。一些经纪人会有一张记录着从他们开始工作以来，周边环境内都发生了什么变化的表格。这样他们从这张表格中就能看出哪些房产是待售的，以及哪些已经停售，这并不需要太多时间。你应展现出一个很了解社区的形象，从而通过与时俱进塑造更多的公信力。记住：重要的一点是，你需要不断更新信息库。强迫自己去发现哪些是待售的、已售的和到期的房源，而不仅仅是通过房地产经纪人，同时也通过那些没有与房地产经纪人接触过的物业所有者。

房产事业最具有挑战性的一个方面是对房产所有者或者你不知道的目标客户的**陌生推销电话**（cold call）。作为一种简单的方式，你可以直接说：“罗西尔先生，我发现您在出售您的住房。我给您打电话不是要您给我房源，但是没有人比我更了解这个社区了。为了保持信息准确，我想知道一点关于您的房产的信息：我能问您一些问题吗?”他可能拒绝，但是通常卖主对于你没有马上问他们一连串的问题而感到惊喜。同样，你需要知道这个区域将会发生什么。

46

趋势和问题

试想以你经营范围内的那些正在销售的房产为基础提供一项每月一次或者更经常的“免费报道”服务。在你的网站设立一个快捷链接方式以引导客户长期关注这项“免费报道”，或者在你的经营范围内发放明信片也是一种很好的方式，用来鼓励潜在的买者和卖者因你的努力而参与进来。大部分客户都特别想知道他们区域内哪些房产正在出售，这种形式的活动是一种获得客户群的有效方式。

一些销售人员将会问这些业主是否会搬迁到另一个城市。如果是，经纪人将会把这个卖主介绍给那个城市的另一个房产经纪人，从而将可能得到提供这种服务的转介费用。如果业主无法成功售出房子，这有可能是获得业务的最后一种有效方式。

跟踪房产增值

邻近地区的**增值**（appreciation）——指一处房产或地产通过可比较的销售而产生的市场价值增长——可能包含你必须为你所在的特殊领域内的买卖双方提供的最重要信息。卖者通常觉得他们应该以高出其实际价值的价格来出售他们的房产，并且他们相信市场也将会有这样的走势。有这样一个故事：邻居比尔在沿街的位置有一处房产准备出售，要价是 190 000 美元。比尔没有卖出他的房产直到当地的一个房产经纪人给出一个最接近市场价值的 185 500 美元的价格。比尔最终以 180 700 美元卖掉该房产。当杰克看到“售出”的标志时，他问比尔这次销售进行得如何。比尔的回答是，他得到了他想要的。这时，杰克便会认为比尔是以他最初的要价售出的房子。当他把自己的房子与比尔的做比较时，发现自己的更好，于是杰克就给自己的房产定了一个过高的价格。

一个成功的推销员在房地产事业中经常会被要求去为卖者解释为什么他们房产的市场价格要比他们觉得应该得到的最初价格少。一贯成功的解决方法是要自信地分析周边环境及其增值潜力。为了实现这一目的，你必须不断关注周边的所有变化。做出一个精准及时的 CMA 分析呈现给卖主，通过已研究的明确的表格展现出该房产的市场价值。这将帮助你避免一场经纪人与卖者之间的争论，与此同时也能降低冲突的可能性。表 3—2 是一个典型的 CMA 分析表。

表 3—2　　竞争市场分析

47 房产地址：威瑞杰 149 号　　　　时间：3 月 4 日

正在出售的房产	卧室房间数	卫生间	书房	面积（平方英尺）	第一次贷款	销售要价	在市场上发布的天数	条件
莫特威 318 号	3	2	无	1 569	159 500	188 000	10	公开求售房，刚刚重新装修完毕
俄瑞杰 1215 号	3	2	有	1 400	123 400	187 000	25	书房有壁炉，普通房贷方式
瑞杰威 181 号	3	1.5	有	1 580	0	167 000	40	房顶需要维修，没有车库
威瑞杰 166 号	4	3	有	1 800	143 000	192 000	18	街角地，有储藏棚

12 个月内已售房产	卧室房间数	卫生间	书房	面积（平方英尺）	第一次贷款	销售要价	在市场上发布的天数	销售日期	销售价格	条件
俄克瑞 307 号	3	2	有	1 390	133 500	180 500	12	2 月 10 日	180 950	买方承担已有房贷方式
莫瑞杰 1951 号	3	2	无	1 600	0	188 000	35	2 月 28 日	184 500	业主自己操作方式

俄克可158号	3	2	有	1 580	149 800	185 000	60	1月10日	182 300	退伍军人署（VA）方式
娄俄克1972号	4	1	有	1 900	148 000	192 000	45	1月1日	187 000	买方承担已有房贷方式
威瑞杰1300号	4	2	有	1 850	156 000	189 500	8	2月12日	186 750	普通房贷方式
12个月内过期未售的房产	**卧室房间数**	**卫生间**	**书房**	**面积（平方英尺）**	**第一次贷款**	**销售要价**	**在市场上发布的天数**	**条件**		
威瑞杰518号	3	2	有	1 400	149 000	189 000	80	2月20日撤回房源		
莫瑞杰906号	4	3	有	1 800	127 000	193 000	120	公开求售60天		
俄得沃1129号	3	1	无	1 250	153 250	179 900	110	公开求售30天		
备注										

48 在与客户交易时，你了解市场领域的另一个优势将显现出来。市场分析将帮助你确信买方的支付不会超过市价。大多数买家不会介意按公平价格交易。他们只是不愿意去接受它，这是可以理解的。你可以通过提前做一些关于当前邻近区域住房价格的调查来消除他们的这些顾虑。了解你的市场领域，你将赢得客户的长期肯定，获得一种作为成功房地产经纪人的重要的积极形象。

小　结

要选择成功的市场领域，销售人员首先应该建立一套现实可行的地理界限，在此界限内开展自己的业务。然后，销售人员应该熟悉这块市场领域，调查区域内的学校、宗教会所、公共设施、公共业务、商业设施、政府结构和房地产开发等情况。

另外，销售人员必须了解他（或她）所工作的市场区域的历史。这些知识应该包括过去和现在的销售活动以及这个区域内已经发生的房产增值。

复习题

1. 房地产销售人员必须提供给其客户的唯一的东西是什么？
2. 一个房地产销售人员需要知道的关于其所有的内容的是城市的哪一部分？
3. 哪些自然的或人为的边界能够确定一块地理区域？

4. 如果经纪人都非常了解他们的市场，那么，哪些领域是他们必须尤为熟悉的？
5. 了解一个市场周边环境的历史将使你在哪两个方面获益？
6. 掌握一个市场区域内活动的最好方式是什么？
7. 跟踪了解一个市场区域的增值信息具有哪些重要性？
8. 获悉这些信息将怎样建立自信？

讨论题

49 1. 一个市场区域内最需要重点调查的是哪个部分？其他几个部分又应该以怎样的顺序来依次进行调查？

2. 经纪人如何使业主相信公平市价要低于他们预期售价的15%？

3. 经纪人通常缺乏哪一类型的社区信息？他们怎样才能改善这种处境？

4. 社区的哪个部分是你真正了解的？哪个部分是你缺乏了解的？

情景题

处理不熟悉市场区域的调查工作

假如一个多年都没有联系的老朋友突然打电话给你，请你做他的房地产经纪人。他和家人想要出售他们在你所在城市中拥有的一处房产。他在几年前就出国了，而这处房产位于你的市场区域内的大城市对面。你该怎样处理他的请求呢？

接受还是放弃？

马克·塔洛斯和洛雷娜·塔洛斯（Mark and Lorene Tullos）邀请你去看他们的房产并询问你所在公司能做些什么来帮助他们卖出房产。他们自己已经将它公开出售了四个月。你的CMA分析告诉你，这处房产的定价应该为195 000美元～210 000美元。塔洛斯先生却说他必须以＄240 000出售，一分钱也不能少。他明确地说：你要么接受要么放弃。你现在该怎么做？

行动指南

http://www.census.gov是对当今房地产专业人士非常有用的一个信息资源库。你可以通过这个网站链接到自己所在国家或城市，查找出关于你所在市场的信息和数据。

你可以访问http://www.census.gov并通过网络进入你的城市。

例如：你们城市有多少人口？自2000年人口普查以来，你们城市的人口有所增长或下降吗？

第 4 章

自我管理

关键词

51 BIKE 方法（BIKE approach）
自我激励（personal motivation）
目标表（goal chart）
时间管理（time management）
目标设定（goal setting）

自我约束

房地产销售人员一定要培养高水平的自我约束能力才能取得成功。缺乏自我管理能力是很多潜在优秀经纪人走向失败的原因。这一章将要探讨自我管理的三个重要方面：自我激励、时间管理及目标设定。市面上已出版的一些书对这三个论题均已经有了各自的详尽介绍，本章只是对这三个方面的一些基本技巧进行概述和回顾。

自我激励

房地产生意可以与过山车进行类比。当销售景气且佣金蜂拥而至的时候，经纪人获得极大的满足感。这种兴奋惊心动魄。当在经纪人无法控制的情况下，交易量大幅下跌的时候，当无法办理抵押的时候，或是当每个人都宣称“我在这个行业里有熟人!”的时候，房地产生意将变得令人沮丧。没有任何的培训或良好的管理可以庇护你逃脱这些厄运。每一个人必须掌握一种方法来应对所有经纪人都会经历的周期性“低谷”。

自我激励（personal motivation）是为人们完成个人目标指明方向的内在力量。如果你接受这个定义，你应该把被激励的责任扛到自己肩上来。当然有些活动偶尔也会给经纪人带来动力。例如说一个令人振奋的销售会议，一个激情的演说家，或一个有关有效激励的录音带都可以给人注入强心剂。能够长期成功的经
52 纪人将致力于增强自身内部的动力来提高能量，而不是仅仅依靠外部资源。我们都需要鼓励和支持。为什么不让最接近你的人——你自己来给你支持和鼓励呢!

顶级的销售人员分享了使他们保持动力的方法。下面对这些方法进行简单介绍，其中也包括我自己常用的。

正确对待挫折

挫折，可以是一个或多个，必须在对效率和职业满意度全面分析的情况下予以考虑。一个没有失败交易的经纪人是不需要承担任何风险的。“我与琼的销售活动失败”会比“我是一个失败者”给人感觉更加形象。每个人都会犯错。人应该从错误中学习并得到改进，以避免同样的错误再次发生。

预测问题并使它们最小化

销售人员是问题的解决者。他们的工作是帮助一些人（甚至是很多人）来解决其在房地产方面的问题，比如需要大量资金、复杂的法律纠纷等。通过预测一些在交易中可能出现的问题并努力解决它们，可以减少它对你及你的内在动力的消耗。

牢记成功

当一些成功的经纪人业绩下降时，他们可能需要休息一下，来回想他们过去的好成绩。用一个小小的休息间隙来回顾过去的成绩并重温创造这些成绩的良好感觉，可以说是一个令人精神抖擞的激励。这并不是说你可以沉迷于过去，但是一些过去的成就感能够帮助你在现在或将来取得成功。

一个记住胜利的好方法是访问过去你帮助过的客户。如果你对房地产不熟悉并且从未在该领域成功过，那么，就去拜访公司的一个满意客户。

赠予自己时间

所有房地产销售人员都面临的一个挑战就是你需要经常地偏离自己例行的基本工作。工作精疲力竭对于许多行业都是一个平常的事情，对房地产界也不例外。一个长期的、成功的事业是与你对它的关心和努力不可分开的。挤出一点空闲时间来陪陪朋友、家人或参加户外活动都会帮助你与他们维持较好的关系并保持对生活较高的满意度。赢得生意但失去了一个宝贵的朋友或者家庭成员那就算不上成功。

BIKE 方法

在我们生命中的某段时间，大部分人都拥有过一辆自行车。如果你愿意提供
53 腿部的能量来驱动它，这个交通工具就会把你带向你的目的地。就像自行车一样，你可以使用一个自我激励方法来利用你自身的能量向目标前进。**BIKE 方法**是一个很好的自我激励方法，它是几个关键词的首字母的缩写。

B 代表信念（belief）。一个人首先要相信自己。世界上有许多吹毛求疵的批评家，别让自己成为其中的一员。学会成为自己的拉拉队队长。你需要告诉自己你是有能力的并且是称职的，通过这样的方法来激发自信。你也应该信任你所提供的服务。如果没有你的话，你的客户不会做得同样好。你所接受的训练以及你的知识和经验提供了一个非常有价值的服务。同时，相信你的公司也是十分必要的。你所代表的组织实力雄厚而且给了你信任，你应该为在这个公司工作而感到骄傲。当你在彷徨现在的公司对你的发展是否合适的时候，一个潜在的问题就出现了。这时，去和你的上司敞开心扉地谈一谈，打听一下其他公司的情况，再决定是跳槽或者做其他你觉得应该做的事。工作领域的缺乏信任就像一种慢性毒药，它会磨灭你所有的动力。

I 代表投入（involvement）。保持忙碌是一个保持高涨的工作激情的方法。如果你失去一单生意或错失了一次机会，不要一直停留在原地对此耿耿于怀。如果你把太多的时间花在一些无关紧要的小失误上，问题反而会变大并逐渐使你丧失动力。

所有的推销人员迟早都会遭遇他的第一个挫折。许多人因此而变得做事太小心和犹豫不前。不要让自己因为等待“最佳时机”而得不到任何生意。每个人都会犯错误，注意不要变得太谨慎，因为谨慎会降低你的动力和表现。如果你不去尝试的话，你将注定失败。

K 代表知识（knowledge）。像房地产这样充满活力的产业需要你了解最新的行业进展来取得成功。一些计划好的持续的知识更新会提高你的自信心和积极性。记住：学无止境。

行动指南

现在，学习房地产教育课程对于房地产专业人士的进一步学习来说，是一个很棒的机会。访问 http://www.coursecalendar.com 可以查到所能提供的房地产经纪人课程单。在 http://h30187.www3.hp.com 上，惠普公司提供免费的在线课程，教您怎样使用技术和软件。经纪人能够参加针对房地产行业的课程并且学到新的方式来增强他们的房地产事业。你可以登录 http://www.hp.com 搜索在线学习。网站 http://www.coursecalendar.com 上列出了房地产经纪人能够找到的两种类型房地产课程。

惠普的网站提供了一个为房地产专业人士设定的科目名称。

54 给自己一个承诺：你将在专业提高和对产业的了解方面多投入一些时间。无论你选择课程、阅读、讲座或其他教育形式，再教育对于在这个领域长久的成功都是至关重要的。

某些国家有长期教育方面的政策要求。如果你满足了这些要求，不要止于最低要求。致力于专业的要求，了解房地产的一个新的内容或者帮助发展一个新的课程或训练项目。你知道的东西越多，你越会觉得自己知道的太少。很多年以前，我的第一批客户中有一个人告诉我，我是一个优秀的年轻人，但是他不希望我在他身上练习。他没有看到而我自己也没有意识到的是我们从不停止学习、成长、进步和发展。记住，不了解所有的东西不是罪过。真正的罪过是根本不去尝试尽你所能去了解。

E 代表激情（enthusiasm）。成功人士的兴奋和渴望会通过不同的方式展现出来。一些人外表低调但激情高涨；另外一些人却很明显地对他们的工作感兴趣。不论个人风格怎样，他们共同的元素是对职业和自身都充满了激情。思考一下，是不是所有你认识的各种各样的成功人士都充满激情。反过来也是一样，一个人没有激情将很难取得成绩。激情导致成功。下次当你缺乏工作动力时，请回想一下这些人，他们可以在你需要的时候帮助你。你的买家和卖家期望并值得你表现出最高的热情。

时间管理

房地产销售是一个令人兴奋的赚钱方式（也是对一个刚进入这个行业的新人的巨大冲击）。成功的**时间管理**（time management）是个人管理的一个重要方面。时间就是生命，如何利用时间显示出你对生活的态度。对于房地产专业人士来说，时间是他们提供给买家和卖家的两件东西中的一件。另外一件是知识，将在第 5 章中介绍。你在房地产行业越成功，你会变得越忙，你越需要管理你的时间。不能管理好自己的时间会限制你在房地产行业的发展。

改善时间管理的指导方针

时间是一种你需要投资以获得最大可能回报的资产，因为一旦它被使用了就不会再回来。如果你制定计划来更好地利用自己的时间，你应该怎么做呢？

分析当前时间的利用

在你能够为自身提高做出有效的计划之前，你需要检查目前你是如何利用时间的。首先，你需要一个残酷而诚实的自身时间管理评价。如果你分析自己一周
55 的安排，你会看到几个缺点。在解决以下这五个常碰到的缺点之前，记住要关注你做得好的方面，扬长避短。

令人分心的事物。一些事物会打乱你的时间管理计划，如电视、个人兴趣、

杂志或者一些让你开心的小玩意。这些事物使你分心，从而影响你去做本应该做的事情。把这些东西尽可能地从你的工作区域中移除出去，你会发现你的时间会被更加有效地利用。如果你不能把这些令人分心的事物移除，那么，就不要在这样的地方工作。

占用你时间的人。一些在你生活中的人可能会阻碍良好的时间管理。举一个简单的例子，就是办公室的同事，他（或她）可能劝你多休息并给你讲无数的玩笑或战争故事。期望你能够为了他们的需要另行来安排工作的家庭成员也是一个例子。不好的客户也属于这一行列。小心那些没有必要占用你的时间的人。避免和他们接触或者婉言向他们解释你需要把你的时间更多地投入到更有用的地方去。不要为此感到自责，时间就是生命。学会对人说不而没有内疚感是一个非常重要的时间管理技巧。一些在你生活中的人会通过奉承、内疚或者胁迫来测试你的决心。掌控好你的生活并且使自己变得更加有效率。

不确定性事物。做得刚刚好是很多失败的时间管理者常常干的事情。他们把更多时间花在纠正错误，改正多余的、不完整的工作上，而不是一开始就把工作正确地做完。记住：如果它值得做完，从一开始它就值得正确去做。这对于那些可能不愿去遵守规章制度或不愿接受不快乐任务而又要平稳完成交易的人是一个好建议。

拖延。一个时间管理者常见的致命弱点就是拖延。你可以非常轻易地一直拖延到自己在房地产行业落伍。做你喜欢的事情和做你应该做的事情是不一样的。一个我认识的销售经理有一张印着“现在做，不要光是说”的卡片。无论什么时候他听到一个手下谈论拖延重要的事情，他就会给他（或者她）这个卡片。这听起来很简单，但是的确可以解决问题，如果你愿意听从劝告的话。

解释。这个缺点与拖延相伴随。解释会使时间管理计划夭折。一旦时间因某事被拖延而浪费，你会花费更多的时间去解释它们。这两个缺点互相影响，甚至导致一个销售人员的不稳定的时间安排。一个有效对付解释的座右铭是：“用行动替代解释。”

当你研究自己目前是如何使用时间的，其他缺点会变得显而易见。好好想一想你所发现的问题，采取措施去纠正它们，并开始掌控自己的时间。

56

决定怎样利用时间

为了有效管理时间，确定优先做的事很重要。优先考虑的事直接关系到目标的制定，这个话题也将在下一章进行讨论。一个有效的、有条理地确定优先事情的方法就是去列一张表格，记下所要做的事，然后分成三项：“必须完成的事”、“最好去完成的事”和“不太重要的事”。

“必须完成的事”。这一项是指与约定、见面相关的最后期限和其他的责任。它们需要拥有绝对优先权，并且每一分努力必须是为了完成或改变它们而做的。如果你没有足够的时间去完成“必须完成的事”，就不要花任何时间在不重要的事情上。你需要使自己的工作清单保持足够的弹性以应对紧急情况。你可能觉得自己每天都会遇到突发事件，如果真是这样，那是时间在管理你而不是你在管理时间。

在我牵头的一个时间管理研究小组中有一个苦恼的学生，她告诉我她的整个生活在一场火灾之后似乎变得一团糟。我给她的建议是去获得一个“火灾科学”学位并成为一名消防员！我迅速地补充了一个可选的机会，那就是让她去学习管理自己的日程安排，那么大多数工作和责任都可以在危机来临之前处理妥当。

一些人在早上是最佳状态，另一些人可能会晚些或者下午才变得更有效率。确定哪个时段你的状态最佳，并且尝试在这一时段安排你“必须完成的事”。关心“必须完成的事”并给予它们应得的关注。记住，每日的“必须完成的事”应该是为将来考虑的。

“最好去完成的事”。这些活动是被次要考虑的；它们最好被完成但不需要一定在今天完成。一些今天“最好去完成的事”到了明天或许就变成了“必须完成的事”，但是你明天的计划将会相应变化。只有当你无法完成“必须完成的事”或已完成“必须完成的事”才可以在“最好去完成的事”上花时间。没有人会一贯地去确定每种类别中的事情该如何完成。如果这样的事情发生了，那么你是被别人掌控了优先处理权，因此，你必须要操纵自己的时间。优先权的制定在刚开始或许会有些困难，但是当你成功地管理时间时会发觉它很有用。记住当你决定做“必须完成的事”和“最好去完成的事”时，你会发现它们是最好和最正确的，同时也是最容易和最有趣的。

“不太重要的事”。不要忽视“不太重要的事”。你的一天是否有一些零散的闲暇时间？你在这些闲暇的时间都在做些什么？如果你把这些时间集中在一起，你能够很容易地做很多工作，但那是不可能的。然而不要忽略它的重要性，通过意识到这些短暂的闲暇时间的存在并且充分利用它们，你可以完成更多的工作。或许某段闲暇时间内你不能完成一件事，但是在一天结束时你可能会多完成一个任务。有效的时间管理的重要之处就是在短时间内尽可能完成更多的事情，更有效地工作胜过埋头苦干。

“拆东墙补西墙”问题。一个有效的时间管理体系必须有一些富有弹性的机制融入其中。如果不是这样，你会发现你需要从一件事中抽出时间去完成另一项任务。如果这个偶尔发生的事成为惯例，你的体系就将破灭。训练自己去正确地估算完成一项工作所需的时间，并在既定的时间内完成任务。熟能生巧，它会避免你“拆东墙补西墙”，并且使你的整体步骤进行得更有成效。

57 你是否听说过帕金森定律？它表明一项任务将不断膨胀以占用所分配的所有时间。确实值得去制定一个最后期限并完成这个任务——即使没人要求你这样做。这将避免对危机管理的需要，以及减少其他重要工作所需的时间。

多余的顾虑。你是否认识专注的忧虑者？这些人花费大量的时间和能量来担心很多诸如“如果这样，那么会怎么样”的事情。如此多的东西可能会有变故。一些担忧可能具有一定的建设性，但是沉浸于一种你不能控制的情景中纯属浪费时间。在签订合同以后担心房子是否会升值或者对方是否有信誉等问题没有任何意义。把你的时间花在你可以做的事情上。太多的恐惧和担心会令人止步不前，并且阻止你做那些可以让你成功的必要事情。

目标设定

大部分从事房地产销售的人之前都在其他领域工作过，那里的监管者通常会比房地产业中的监管者给予你更明确的指导方针。然而，进入房地产业后的这种失控对于某些人来说是个非常现实的问题。“一切皆由自己决定”是一柄双刃剑。一方面，你能够很自由地判断，有弹性地工作。但是，这种自由带来的更多的是对自己行为和成败的责任。这种责任使目标设定成为自我管理中一项非常重要的内容。**目标设定**（goal setting）有很多理由，但是有两个尤为突出：（1）它能够帮助你比较实际进展和你希望的进展之间的差距；（2）它让你永远知道你在哪，你做得怎样。我们都有这样或那样的目标，我们在设定目标的时候需要建立和使用一些有效的指导方针来帮助我们增加实现目标的机会。下面是一些可供参考的方法。

目标必须是个人的

不要让别人帮你设定目标。这是最重要的一条指导方针。你必须作出承诺去达成这个目标。对你而言什么是最好的？家人、销售经理、代理商以及其他合作伙伴可能对这个问题有着明确的主张，但是目标是你自己的。你必须为自己设定目标并持续不断、始终如一地达成它们。给自己权力来设定自己的目标，这并不是自私或自我为中心，相反却是自尊的表现。

目标必须是书面的

一旦你知道了自己的目标，就把它们写下来。这样能防止你忘记（有意的或无意的），准确地知道你想得到的是什么。很多人把他们的目标写在索引卡上作
58 为提醒和激励。其他人把目标写在能经常看到的显眼位置来提醒自己。我的一个研究心理学的朋友说，你需要“写下来让自己想起它”。

目标必须是灵活且易于修订的

你希望完成的事情有可能是极为困难的。有很多你不能控制的因素会影响目标的实现。如果利率翻倍或者你所在领域的主要产业突然出现危机，房地产领域的相应反映是房地产销售价格出现下降。这样的事情可能不会发生在你身上，但这个例子说明了为什么你的目标里需要留有一定的变动空间。它们同样会因为事情的发展而做出修订。一年的目标需要根据一个季度的目标来修订，一个季度的目标需要根据一个月的目标来修订。这样的修订使外部因素发生明显变化时，目标能够随即做出调整。为了改变而改变没有意义，但是当你需要的时候仍拒绝改变将会弄巧成拙。

目标必须是可测量的

当你为将来制定计划时，不要过于笼统地表述你的目标。“我要更努力地工作”，“我要使自己更成功”或者“我要为了我自己，为了我的家人，为了我的委托人而做得更好”。这些听上去都不错，但是衡量这些成果的**目标表**（goal chart）或者尺度在哪里呢？在房地产销售中，你可以通过赚得的收入、销售量或者卖掉的房产数目来衡量你的成功。表 4—1 的例子中分别列出了获得房源数、卖出房源数、交易达成数以及接触客户数四个项目。每个项目下方的空格分别填写目标和实际完成的任务。

表 4—1　　季度目标表

	获得房源数	卖出房源数	交易达成数	接触客户数
一月				
目标量	2	1	2	30
实际量	2	1	1	33
二月				
目标量	2	2	3	30
实际量	1	1	2	20
三月				
目标量	3	2	2	30
实际量	2	0	1	26
总计				
目标量	7	5	7	90
实际量①	5	2	4	79
差额	−2	−3	−3	−11

59 这个例子是按照一个月准备的，但是很容易就被一周的计划破坏了。表中前三列在计划中并不少见。而第四列，即建立一个要接触客户数量的目标可以帮助你了解将来接触客户所需要的时间。

在这个例子中，经纪人失败的原因不是我们所关心的。或许是经纪人没有计划好目标，或许是没有投入充足的时间去完成它。不管怎样，使用目标表能够帮助经纪人了解自己走到了哪一步以及他们现在的处境和他们所期待的相比是怎样的。

有挑战性且切实可行的目标

正确的目标设定要考虑到成长的需要。因此，一个有效的目标设定是有挑战性的。做事没有目的是因为设定的目标是有十足把握的。经纪人可能直到努力触及自己的极限时才知道自己真正的能力是怎样。给那些真正能够使自我满意的事情设定目标。

① 原书中“实际量”一行的数据似有误，此处作了合乎逻辑的调整。——译者注

但是，目标不应该是不可能达成的。过度热情和自负会使你错误地估计现实。一个过高的目标会导致失望和沮丧，这些都不能有效地激励自我管理。挑战和沾沾自喜之间存在一个平衡点。这就是为什么修订目标是如此必要。

一个销售人员所拥有的最重要的资本是他自己。激励、目标设定以及时间管理都有赖于自我约束。所有在本章中介绍的建议、技巧和主意都不是独创的或完整的。然而，它们是基本的和有效的。习惯于它们来满足个人需要，你将拥有更好的自我管理。

行动指南

如果你对基于网络的目标设定感兴趣的话，请访问 http://www.goalsunlimited.com 并且学习怎样在线保存、修订、发布你设定的目标。一个新的房地产经纪人在他们进入行业的第一年应该设定怎样的目标？

小　结

60 为了成功，销售人员必须培养高度的自我管理。这种行为模式应该包括自我激励、时间管理和目标设定。自我激励是指明目标前进方向的内在动力。它需要做到正确对待挫折、预测并最小化问题、牢记成功，并遵循 BIKE 法则：即信念、投入、知识、激情。

销售人员可以通过分析自己对时间的利用，决定怎样利用时间，避开令人分心的事物、占用你时间的人、不确定性事物、拖延以及解释，从而实现有效的时间管理。

由于商业中的个人自由和缺乏直接监督，使目标设定成为房地产销售者最重要的事。所设定的目标必须是个人的、书面的、灵活的、易于修订的、可测量的，以及有挑战性并可行的。

复习题

1. 为什么自我约束和自我管理对房地产销售人员很重要？
2. 什么是自我激励？
3. 自我激励的责任是什么？
4. 让自己保持积极性的四个技巧是什么？
5. BIKE 方法的具体内容是什么？
6. 更好的时间管理的十条指导方针是什么？
7. 有效的目标设定的五个指导方针是什么？
8. 你能描述一个销售人员最重要的资本吗？

讨论题

1. 你如何走出“潦倒”时期？
2. 你在管理时间上的弱点是什么？你将如何改善？
3. 你的目标是什么？你的目标设定与本章的指导方针相比怎样？
4. 为什么拖延行为如此普遍？你如何克服这个问题？

情景题

评定时间管理

61 莎拉（Sarah）是一个比较成功的销售人员。她知道自己有一个最大的问题就是缺乏有效的时间管理。表4—2中展示的是她明天的日程安排。你能提供哪些改进建议？

表4—2 **莎拉的日程表**

	约会	备忘
8：00		
8：30		
9：00		
9：30		
10：00	销售会议	
10：30		
11：00		
11：30	与芭芭拉·凯共进午餐	网球俱乐部
12：00		
12：30		
1：00		
1：30	杂货购物	去干洗店取汤姆的衣服
2：00	会见琼斯夫人	核查新的清单
2：30	会见卡克兰德先生	核实他的借款余额
3：00		
3：30		
4：00		
4：30	会见斯达夫人	
5：00		
5：30		
6：00	和汤姆共进晚餐	菜单？

行动指南

房地产专业人士需要确保他们的时间管理技能能够每日被适当且有效率地使用。使用日程表是记录你每天的职责的一个很好的方法，以确保你的活动和工作能够为房地产事业创造最大利润。

附录

日程表

	约会	备忘
8:00		
8:30		
9:00		
9:30		
10:00		
10:30		
11:00		
11:30		
12:00		
12:30		
1:00		
1:30		
2:00		
2:30		
3:00		
3:30		
4:00		
4:30		
5:00		
5:30		
6:00		

第二部分

营销阶段：将知识应用到实践

第 **5** 章

形成目标客户开发系统

关键词

65 影响中心（center of influence，COI）

公开求售房（open houses）

过期房源上的房产（expired listing）

目标客户（prospects）

市场耕作（farming）

目标客户开发（prospecting）

业主自售房（FSBOs）

推荐来的客户（referrals）

线索（leads）

不确定意向客户（suspect）

应用你的知识

前面的章节介绍了营销和销售的概况，你对如何做好房地产销售人员这一特殊角色有了一些较好的思路。现在是将这些知识应用到非常重要的目标客户开发阶段了。

成功的房地产销售人员有两个重要的品质——拥有市场营销的知识以及发现客户需求的工作方法。本章将告诉你如何发现客户需求。你将了解到什么是目标客户开发，目标客户开发为什么重要，以及如何应用一些有用的目标客户开发方法。

是不确定意向客户还是目标客户？

假设一个场景。苏珊·埃斯皮诺（Suisan Espinoza）对一个经纪人说：“我有一个好朋友叫罗伯特·齐格勒（Robert Zeigler），他因为转换工作搬到另外一个城市，所以需要卖掉他的房子。另一个叫鲍勃的人住在你办公室附近，他想在下个月底买房子。你为什么不和鲍勃联系，告诉他我推荐你去帮助他。”

假设另一个场景。贝姬·弗劳尔（Becky Fowler）对这个经纪人说：“我听说有个人需要调换工作，但我不能确认他叫什么名字，只知道他姓齐格勒。我不知道他住哪里，也不知道他什么时候要卖房子，但你可以联系他。另外，一定要注意不要和他说是我告诉你的。”

66 这两个场景有区别吗？肯定是有的。在第一个场景中，经纪人对那个人的需求是非常清楚的。在第二个场景中，经纪人只有很少的信息，或者说有很少的确切消息。这两个场景给我们展示了目标客户和不确定意向客户之间的区别。**目标客户**（prospect）意味着经纪人确定某人需要专业房地产服务需求；而**不确定意向客户**（suspect）是指某人也许需要房地产服务。这种区别是经纪人在第一个例子中非常明确地知道罗伯特·齐格勒这个人以及他所需要的房地产服务。

也许经纪人把齐格勒博士当做可以开发的对象并不能确保他一定会成为满意的客户，因为经纪人并不一定能够为他提供帮助。但跟不确定意向客户相比，经纪人更有可能为他提供帮助。

如何实施目标客户开发？

目标客户开发（prospecting）是一种积极发现需要房地产专业服务人群的规划方法。这个定义包含几个关键理念：首先，该定义意味着一个经纪人必须有很好的目标客户开发的规划方法，目标客户开发就如同电话、汽车或者业务卡那样，对于销售人员非常重要。第二，该定义所说的不仅仅是发现需求，而且是发现正确的人的正确需求，当然，那些正确的人是指需要你提供专业房地产营销服务的人。

许多潜在的和积极的经纪人认为他们最关心的房地产问题是业务的不稳定。这种兴衰循环给个体经纪人带来的危险，和对分店、公司乃至整个行业都是一样的。通过建立一种能够不断接触新客户的方法，销售人员可以使无法开发目标客户的状况得以减少。常识告诉我们，目标客户开发非常重要，但你自己必须彻底意识到它有多么重要。实际上，对于大多数已经开始或者准备开始从事房地产行业的销售人员，有效的目标客户开发对于他们的成功是非常关键的。

形成一个系统

通过阅读以及与个体经纪人和所有从事推销的人员的讨论中，我得出了一个有关如何实现业务接触的基本观点。我作为一名销售人员的个人经历证实了一个同样的发现：销售人员要想成功，他必须建立一个目标客户开发系统。如果你不同意或者忘记了这章里面的其他内容，但请你一定要记住这一点：不能依赖任何人和任何事，唯有你自己才能确保你在房地产行业中的成长和成就。这点并不意味着经纪人就不需要来自朋友、同事、管理者以及其他各种人的帮助。即使有这些帮助，销售人员如果在业务中没有自己的创造，那他也不会成长。因此，一个经纪人不仅要努力工作，而且要有效地建立使自己取得成功的目标客户开发系统。

业务如果来源于意外收获，或者是经纪人不需要真正工作就可以获得，往往
67 会被认为是不劳而获的业务。没有人能够把自己的销售职业生涯寄托于这种好运气。不要因为少数交易轻松落进你的口袋而感觉负罪，但要看看它们到底是什么。我曾经将一个大农场卖给一个直到交易完成我都没有见到的买主，我还卖出去一些我看都没有看过的房子。然而，在三十多年的房地产职业生涯中，这些事情只碰见过少数几次。这些情况是如此不常见，因此我们只能把它们看成是销售过程中的非典型现象。

你不能依赖这种非典型的销售现象，因此你需要建立目标客户开发系统。我们要检验一些已经被证明是成功的技术方法。

◎满意的客户

如同前面所述，满意的客户是实现附加业务的优质资源，他们也许是可以获得的资源中最好的。有些优秀的经纪人几乎专门开发**推荐来的客户**（referrals）或者从客户、朋友和同事的介绍中获得业务。一个使用这些优质资源的方法就是客户的推荐信，另一个方法是希望买主或卖主向他们接触的人推荐。没有哪种广告能够比满意客户的口碑相传更好。如果经纪人没有这种要求，那么当机会出现时，客户就会忘记推荐他们。一定要记住：通过规律地、不断地接触客户，和他们建立积极的客户关系。

对于一个准备开始入行的销售人员，这个观点也是适用的。虽然有满意的客户群体，但是这些人并不一定在房地产销售中会对你满意而成为你的目标（潜在）客户，因此通过你生活中的其他方面建立的积极的客户关系，仍然是你启动自己房地产销售职业生涯的关键。

◎影响中心

许多经纪人经常听到这样的话：“能够让你成功的不是你知道什么，而是

你知道谁。”这种观点是正确的。有时这种评论也许会消极地忽视其他人的成功。大多数成功的经纪人都会把“年度销售奖”看成是自己的荣誉。但是从积极的角度看，这句话表明，如果能够准确地知道正确的人将能够帮助一个销售人员，在正确的地点建立客户接触。这就是**影响中心**这一概念所要表达的意思。

行动指南

利用数字录音设备，请你的客户对你和你的公司做一个快速评论，并描述对你所提供的服务有多么满意。然后把这些简短的商业资料链接在你的网站上，或者放进一个PPT演示文件中，可以让其他人听到这些满意客户对你的积极评价。

68 **影响中心**（centers of influence，COI）指的是在一段时间里能够为销售人员提供目标客户开发的人。经纪人不能依靠其他人来实现所有的目标客户开发，但是从任何可以获得的资源中得到帮助一定是很明智的。如果有这样一个群体，它能够帮助你销售产品和项目，那你肯定希望可以找到这个群体。

潜在的影响中心

经纪人经常对于利用影响中心存在一些问题：“这些人是谁?”“我如何接近他们?”“他们为什么会帮助我?”经纪人每天接触的许多人都会成为影响中心。想一下，你认识的人中哪些是符合标准的。举例如下：

医疗人士

- 家庭医生和药店职员
- 家庭牙医
- 药剂师
- 当地医院职员
- 当地医学院人士

商务人士

- 在银行、财务公司或者信用合作社工作的人士，包括信贷职员以及你最喜欢的银行出纳
- 保险经纪人
- 市场上的商务职员
- 职员代理机构
- 物流和仓储公司职员
- 股票经纪人；投资经理人或者不动产规划师

教育/教会相关人士

- 当地学校（包括学前班、小学、初中和高中；社区大学、高校、成人培训和社区教育项目）的教职员工和管理者
- 家庭教师协会（P. T. A.）理事会及其成员

- 图书管理员
- 神职人员和其他教会相关人士

商业和服务机构

- 杂货商
- 零售商
- 加油站运营商
- 理发师或美容师
- 69 百货公司职员
- 饭店、宾馆和汽车旅馆职员
- 航空公司和汽车租赁人员及销售人员

房地产相关领域

- 产权保险公司职员
- 住宅建筑商
- 装修承包商
- 电工
- 水管工
- 保安
- 估价师

这个为销售人员实现客户接触的潜在影响中心清单可以列好几页。运用创造力制定一个计划，通过影响中心来增加目标客户的开发。

你如何接近这些人，某种程度上既依赖于你的个性也依赖于他们的个性。和许多成功的销售人员进行讨论后，证实了我的这种感觉，即最有成效的方式就是告诉那些有可能成为影响中心的人，你现在从事房地产行业并且你会尽全力帮助任何需要专业房地产销售人员提供服务的人。如果你在服务的过程中没有向这些可能成为影响中心的人提出请求，那他们为你宣传的可能性就会大大减少。

无论什么时候，你接触的人中总有一些会完全拒绝你的请求。但还是有一些人不会这样做，他们会记得你需要帮助的请求，并且为你提供一些**线索**（leads）或者潜在的业务。这些线索也许会在不久之后就出现（这是偶然现象而不是常态），也许会在下个月或者明年出现，只要你能够持续地开发目标客户，这些线索最终将会变成现实业务。你不能控制人们对你需要帮助的请求的反应，但如果你不主动向那些有可能成为影响中心的人提出需要帮助的请求，那他们是不可能主动帮助你的。虽然经纪人不可能控制这些能够成为影响中心的人，但他们可以控制自己的行为，而且运用影响中心也表明你在努力工作并且聪明地扩展目标客户开发范围。成功利用影响中心的关键因素就是持续不断地向那些你所遇到的有可能成为影响中心的人提供优质服务。

影响中心提供线索的理由

为什么这些人会帮助销售人员呢？主要有如下原因。

第一，销售人员能够帮助他们。要记住：经纪人本身能够轻易地在已经有效运作几个世纪的现代贸易系统中成为影响中心，经纪人了解所处市场的所有信息，因此他能够为那些需要其帮助的人提供有效的帮助，这是一个公平的方法。记住这样一句谚语："如果你想要朋友，那就请你成为朋友。"当你非常乐意为别人提供帮助时，你就会发现自己很容易得到别人提供的销售线索。

第二，人们成为影响中心是因为通过这样的方式他们可以帮助经纪人所服务的人。如果你祖母家传的钟坏了，你肯定会把它拿到镇上最好的修钟店去修理。很自然，你找最好的修钟店是因为这是你祖母的宝贝，而不是因为修钟的人请求你去修。你所需要的并不是修钟人能够为你提供所有的服务，而是能够帮到你的祖母。简而言之，影响中心为你介绍第三方的一个原因就是想帮助这
70 个第三方。如果你能够通过复杂的房地产交易为第三方提供指导，那么每个人都将很高兴。

第三，人们会成为你的影响中心仅仅是因为你请求了他们。你不会见到一个人时马上就说："你愿意成为我的影响中心吗？"但是通过不断接触关键的人，并且向他们表明你的计划和请求的目的，你会非常惊喜地发现你将得到积极的反应。要记住：如果你不提出请求，他们是不会帮助你的。只要不断去请求他们帮助，到一定时候当他们想起房地产时就会想起你！

不论经纪人什么时候从影响中心处得到线索，经纪人都要跟踪这些线索。不管结果如何，经纪人一定要记住对影响中心为自己提供这个线索表示感谢，并且告诉他们跟踪的结果，哪怕是用便笺纸通知他一下也是很有效的，一定要记得不管在什么时候，都需要对为你提供帮助的人有个反馈。如图5—1和图5—2所示。要意识到影响中心没有义务为你确认客户。线索就是线索，长期来说我们不可能有太多的线索。

影响中心不是目标客户开发的唯一工具，但是利用影响中心是提高经纪人作用和影响力以获得成功的有效手段。

71 波奈尔夫妇家
G4 农场

亲爱的波奈尔夫妇：

非常感谢你们推荐布切和乌奈儿·沃克夫妇给我。我们上周末已经见过面，并且我有办法找到满足他们要求的房产。我们将在接下来的几天时间里去看一些合适的房产，我会及时把进展情况告诉你们。我真诚地感谢你们，并且保证努力为沃克夫妇以及你们推荐给我的其他客户提供优质服务。

祝好！
经纪人：琼·卡文斯

图5—1　一个后续跟踪的短信

72 贝蒂·瑞克利
比哥夫特路1939号

亲爱的贝蒂：

我看到附件中关于果园减价出售的清单，立刻就想到了你。因为你有好几个客户都在做这个领域的业务，我想这也许对你有帮助。祝你和家人万事如意，祝愿你的生意兴隆。如果在房地产方面你和你的客户有什么事情需要我帮忙，请随时联系我。

祝好！
销售协会：雷·比恩

图5—2 反馈的关心

行动指南

如果你用电脑和打印机在空白明信片上用手写体书写上你的感谢信，这将使你的通信有种特别的感觉。你也可以用网络程序，如http://www.touchpointmail.com寄出你用手写体写给你的客户和消费者的信。

市场耕作

市场耕作（farming）是指有规划、有系统地在特定市场区域开发目标客户的方法。与这方面相关的许多资料大多适用于卖方，但你同样可以成功地为买方耕作市场。下面建议的操作步骤对于买方和卖方都是适用的。

选择你耕作的市场区域

对市场进行耕作的首要步骤是地点选择。建立一定的边界，选择一个区域是需要考虑的重要内容。究竟是什么因素决定一个区域是“好的”耕作市场呢？一个明确的特性就是市场要活跃。这个区域应该有充足的交易量值得经纪人在此花费工作时间。几乎所有的社区都有非常受欢迎的区域，如果能实现销售这就是合理的市场耕作区域。在一个区域内仅有想买房而没有要卖房的人，那对于经纪人而言也是没用的。因此，要调查交易量来判断这里是否有足够的业务值得经纪人
73 去努力。

行动指南

可以通过Map Point等软件来分析一个特定区域的市场活跃状况。这个软件可以从MLS系统中获得数据，并在地图上直观地显示出在你的区域内哪里销售比较活跃。如果当地的MLS系统不提供数据的输入和输出，或者你希望通过办公室中的非MLS系统来分析业主自售（FSBO）或者已卖房产数据，你就可以通过手动方式来分析数据。想了解更多有关Map Point软件的信息，请浏览http://www.microsoft.com/mappoin。

其次，还要选择一个你感觉乐观的区域。市场耕作需要花很大力气，因此该

区域必须对成功能持续发挥作用。销售人员应该在他们选择的或者便于自己减小投入和退出的区域进行销售。如果要在两个或者更多的条件相同的区域中进行选择的话，你应该挑选你更愿意投入的。

再次，要考虑这个区域应该是你感觉舒服的地方。因为你不仅仅是在这里做销售，而且你需要放松，能够和住在这里的人们相处融洽，并且他们能够对你的市场耕作行为产生兴趣。许多房地产经纪人会发现自己往往与某一类人群相处很和谐。那些买卖160 000美元房产的人和买卖1 000 000美元房产的人在观点上具有一定程度的差异。你应该快速地了解你最适合的市场，然后按照需要选取相应的市场。

多年前，我为展示一个价格很高的豪华房子熬了两个晚上。这些从纽约坐头等舱来的人，在我们这个城市希望讨论交响乐、公寓服务、美酒和鱼子酱，而我只对介绍好的牛排、烧烤野餐以及哪里有很好的西部乡村乐队感到舒服。虽然我能够成功地卖给他们好的大农场，但总而言之，我和他们不是一类人。你需要找到你自己感觉舒服的生计和工作。

选择耕作市场另一个因素是竞争。如果一个区域已经被另一个销售人员认真耕作过，那在进入该区域之前一定要仔细思考。尤其是其他销售人员已经建立起强大的声誉优势时，你应该考虑是否还有其他同样好的区域是值得市场耕作的。你的邻区可能没有这样的经纪人，但是如果只有一个，你也要记住应该花时间去建立有效的市场耕作系统。如果竞争很激烈，则建立这个系统所花的时间会更长些。这里的竞争指的是另一个销售人员作出的合理努力，而不是指那些只知道用
74 嘴去说而不去做事的“椅子上”的经纪人所作出的懒散空谈。假设有一些区域仅仅刚刚被市场耕作，但不管怎样，这个工作已经开始了。搞清楚这点是很重要的；去了解谁“不仅仅是说，而是在努力做”，对于你在该区域获得成功的影响是非常重要的。

最后一个需要考虑的因素是要选择一个较近的市场耕作区域。经纪人选择一个远离自己办公室和住所的区域作为市场耕作目标是不明智的。经纪人对于远离住所的区域的影响力可能较小。另外，对太远的区域进行市场耕作，时间上也是没有效率的。

认识当地居民

接下来的步骤就是汇总信息。经纪人应当成为他所耕作市场的专家，没有人能够比耕作这个市场的销售人员更了解这个区域的信息。收集关于正在进行的社区活动的相关信息；从其他经纪人，房源、房产所有人，建筑商以及其他类似的资源处汇总信息；和那些有确切消息的人交流分享信息。在这一步及其后的各步骤中，一定不要违反“不接受电话推销名单”法律，要确定你和你的公司是在许可范围内开展信息汇总活动的。

这时，经纪人要在他的市场耕作区域和客户进行初次接触。这一步骤的目标不是产生业务——虽然也不拒绝任何产生业务的机会！初次接触客户的目的就是进行介绍，和所耕作区域的人们相互认识。设置任何更高的目标都是不现实

的，因为在初次电话接触过程中对于大多数客户而言经纪人是陌生的。不要在电话中说太多内容，因为你不希望给他们造成你试图通过冷冰冰的电话卖东西给他们的印象，而且你所有的销售工具都因为太重而无法携带，致使你无法回答他们提出的问题。当然如果你需要的话，你应该把你的销售工具准备好放在车后面，但是最初的电话接触的目的就是介绍。如果你装备了一大堆重要但（在这个时候）并不是必需的东西的话，你很快就会对这些接触感到厌倦。如果你空手而去，会显得你对业主来说不构成威胁。

在打电话之前你先练习一下你要说的内容。要记住让你的表述简短精悍、切中要点。“早上好，我是玛萨德房地产经纪人贝克·弗劳尔。我计划为附近区域服务，今天特意向该区的业主（商家）们介绍自己。”进一步的交流将根据说完这句话所得到的反应而展开，但是毕竟你已经向人们介绍了自己。你也许很难在初次接触中得到许多热烈的反应，很多人都会表现得礼貌但有所保留，因为他们以前也会听到这样的介绍。人们经常会遇到专门负责这一区域的经纪人在打完第一次电话后就再也没有联系的情况。不要怀疑这种市场耕作的方法是否回报。这种目标客户开发的方法很有用，除非你有一个很好的计划周详的、持续的长期策略。如果你在介绍自己后进一步访问客户，那么请试着收集一些有关你要交流的商家或者业主的信息。随身带一些记事帖，当你离开后在上面写下相关信息，回去后在你的个人电脑或者掌上导航仪（palm pilot）[①] 上录入这些信息。无论你如
75 何做，关键是要将每一个接触的客户所提供的信息区分开，这样就可以将这些信息添加在以前收集的信息中，并且在每一次未来的电话接触后都可以进行修改和更新。你可以在查章中查阅到这样的案例。

强化客户接触

市场耕作的下一步就是要强化客户接触。初次接触是为了介绍，现在就要强化那些有积极效果的访问。在一个访问结束的几天后，可以寄出一个简短的卡片。例如：

亲爱的麦克先生：

感谢您让我周二在您的家里（商店、办公室）和您会见。我将努力为我们的社区服务，为您和其他您所认识的需要专业房地产帮助的人们提供服务。

亲爱的安德鲁夫人：

我非常高兴能够在上周六遇到你，并向你介绍了我和我公司的服务。我希望成为你所住附近区域的专家，盼望能够帮助到您以及你认识的其他需要房地产中介服务的朋友。

一些经纪人愿意在第一次客户接触前先写好一段介绍词，这是个好主意。

① palm pilot，掌上导航仪，是一种在美国普通使用的大众化掌上电脑平台。——译者注

你要记住这样一个原则："除非你能够继续保持和客户的私人接触，否则你就是在浪费金钱。"在业务开展过程中，没有什么可以取代私人交流。对于一些消费者，一封电子邮件也许就能起作用，和打一个电话或者面对面交流一样有效。技术方法有很多种，但策略是相同的，目标就是要强化客户关系。

在寄出一个跟踪信函后，按照有规律的日程表来保持和所在区域客户持续的接触。持续的电话联系其目的就是要更新信息，在自我介绍的基础上建立起客户对经纪人的偏好——强化客户意识，使他们不管何时何地只要想到房地产就会想起你。要达到这样的状态，只有使他们对你和你能提供的服务产生兴趣。给目标客户一些有用的小礼物是个好办法。苍蝇拍、日历表、钢笔、最新街区地图和握锅的隔热垫等都是很不错的选择。发挥你的想象力，让这些方法发挥作用。经纪人会发现附近的时事通信很有效，尤其是如果通信中包括反映房地产状况的信息。不管你是在和商业客户谈论有关空置率的信息，还是和农场主讨论有用的农业商品价格，或者与居民谈论感兴趣的业主保险法律的变化等，关键的是要有和你所接触的人相关或者对他们有用的内容。我们最喜欢的礼物是电冰箱上的小磁铁或者是放有火警、匪警和其他紧急号码的橱柜，这尤其对那些新来到我们这个区域的人很有吸引力。一个耕作市场的销售人员应该如何接触客户？一个耕作市场的区域应该有多大？这些都是相关的问题。开始的时候区域很小，进展很慢，但是要在一段时间（数周和数月）里不断地坚持。设置一些接触客户的目标，比如，每个月在区域内要接触 25 个业主或者商家。当你打每个电话的时候，你都在实践和复习你的方法。在你完全胜任之前先打好基础，初始目标不要高得看上去无法实现，或者很容易就能达成，以致弄坏整个项目。在一年之内你应该接触
76 所在区域的客户至少 4 次。我认为如果一年 12 次就太多了，会冲淡你的影响。此外，你还不能成为一个不受欢迎的人！客户接触可以是一个便条、一个时事通信、一个电话、一封电子邮件或者一个有用的礼物、一次访问，但和任何客户的接触至少有一半应当是私人接触。你可以在天气好的时候去面谈，而在天气不好的情况下选择其他方式。

在持久稳固和有进取心之间这是一个好的线路，但不要完全按照这个线路进行。一个市场耕作计划应该是有灵活性的，以适应所在区域的客户。表 5—1 所列的市场耕作行为检测表可以作为计划的开始。你要根据工作的实际情况来调整，但一定要仔细计划你的工作并且勤勉地去实施你的计划。

表 5—1　　市场耕作行为检测表

A. 地点选择

1. 市场活跃状况的评估——这个区域值得我投入很大精力吗？
2. 舒服的感觉——在这里工作我感觉舒服吗？
3. 距离要近——市场耕作区域是不是离我的住所或者办公室很近，我是否需要花很多时间在路上？
4. 竞争——有没有其他销售人员在这个区域积极地工作？他工作的效果如何？

B. 在区域内收集信息

1. 在和潜在的买方或者卖方讨论的时候，我是否对于要耕作的市场有足够充分的了解？
2. 我在哪里可以得到更多的信息？

C. 介绍自己

1. 我是否有一个准备好的问候语？
2. 我是否带着合适的资料？

D. 跟踪

1. 如何强化我的第一次客户接触？
2. 哪些信息是需要记录下来的？

E. 继续电话接触

1. 我如何能够对所在区域客户了解得更多？
2. 我应该有什么样的计划可以使我按照有规律的方式与客户继续保持联系？

业主自售房和过期房源上的房产

另一个目标客户开发的方法是去接触那些已经证实有出售意愿的卖主。在很多市场上可以看到一些标志和广告上标有“业主自售房”（for sale by owner，FS-
77 BOs）字样。这些房产业主有着明确的出售需求。此处还需要提到的是过期房源上的房产业主。当你和他们进行接触的时候，有一些事情是需要把握的。下面阐述每种情况下的相关思路。

业主自售房

有很多介绍如何处理**业主自售房**方法的资料。我认为和这些客户接触的两个目标是：（1）寻找房产；（2）为业主提供帮助。

第一个目标本身有两个目的：（1）如果这个房产在我的目标区域，我需要知道有关该房产的细节以使我的信息保持最新。（参阅第3章“确定你的市场”中所提到的全部区域活动，甚至包括房地产业人士没有参与的内容）。（2）了解该房产相关信息，以便于判断这个项目是否值得去下工夫。有一些项目非常适合你，但它们却在竞争对手那里。此外，还有的房产业主存在着不现实的期望值。

第二个目标就要回到专业化这个概念上来。如果一个专业人士提供的帮助能够满足你的需求，并且同时也满足了他自己的需要，那岂不很好？但关键要有服务意识。提供有关业主自售房现值的信息，回顾最终实际成交所需要的各项手续，提供需要准备好以及需要签署的文件样本，你要提醒自己所有这些事情都是要去做的。有些批评者认为这些事太过烦琐且完全没有必要。而我完全持相反观点，因为通过这些事你能够让业主知道销售本身是多么复杂，一个经纪人的角色是多么重要。大多数人都会感激你对他们的关心，这是和销售人员建立良好关系的重要基础。可以考虑两个建议：（1）对业主努力自己单独出售表示鼓励；（2）自愿成为他们的资源并且定期去查看一下直到该房产出售或者列为房源。这种策略的结果就是即使他们不自己单独出售也不会有被“击败”的感觉，而且，不存在那种“我不是跟你说过了吗”的难堪局面。这不是让你消极等待。当你了解到他们要出售的需求后就应该立刻与他们联系，并且保持联系，需要坚持但一定要在接触客户过程中保持愉快和积极。此外，不要让客户感觉你总是一个无偿的专业人士，而且一定不要让他们感觉你在扮演提供复杂法律和税务咨询的人士。要记住，客户是有权卖自己房产的。当然，他们也可以自己修车，准备自己的税收文件，也许他们还可以自己修建手术室。但是大多数人还是需要一些或者全部的帮助。要自信自己能够为典型客户提供服务，但不要自负地认为他们必须要接受你的服务。提供专业化的、礼貌的行为，然后看看会发生什么。

过期房源上的房产

一个相似的策略是针对**过期房源上的房产**（expired listing），即那些其他经纪人列在房源上但没有卖掉的房产。对于处理这些过期房源上的房产，重要的是在一开始就要确认卖主和其他经纪人之间的协议是否已终止。如果其他经纪人的排他性销售权利还有效，你就不能惦记着再去销售。

78 如果这个问题能够解决，那么你去接触卖主就和上面所说的处理业主自售房一样有两个目标。做此类业务的焦点是要拥有一个更新的市场分析，这将对你很有帮助。此外，头一个经纪人对业主处理事务的评论可以使你了解卖主的期望和个性。对你而言，要避免对别的相关公司或者销售人员的批评。记住，你不能通过打压别人来发展自己。

有许多因素影响此类房产的销售。通常的原因是经纪人不得力或者是价格太高，但其他方面也重要，比如当地同类房地产市场的供需、总的经济环境、获取抵押贷款、有关销售财务报表的协议、所有权和财产权的条件问题、业主的基本操作方法等对于成功销售都是重要的。所有的过期房源上的房产不会自动地成为重新销售对象，但你应该立刻在本地区调查这些信息，看看自己是否可以继续开发和销售它们。

◆公开求售房

目标客户开发的一个有效方法就是针对**公开求售房**（open house）。潜在的买方可以来考察什么样的房产他们可以买，或者潜在的卖方可以来考察对于自己要出售房产而言可能存在的竞争有哪些。许多公司都确定了拥有公开求售房的竞争计划，在自己的办公室里调研和讨论此类房产。这里的焦点主要集中在目标客户开发方面。我的建议是：在开发公开求售房时，直投邮件和面谈接触可以同时进行。

直投邮件，或者你愿意也可以手递传单，能在较大范围区域内进行，从该房产周围的街区到整个附近社区。个人直接接触可以在邻近的区域内进行，比如最近的 25 个邻居。一个写着公开求售房的简短邀请函是必要的，但一定要在传单或邮件里写上你的名字和你所在公司的名字。但是，有关价格在内的特定信息不要提供，这样可以让人们产生“想了解”的念头。图 5—3 是一个参考的邮件形

79 式。在公开求售房现场，应有一个登记册，可以让来访者写下他们的名字、地址、电话号码和关于房产的评论，以便于你进一步跟踪回访。你还可以了解如果你们公司在本地区有其他房产销售时，他们是否愿意接受进一步的信息服务。在几天后你可以跟踪回访，看看他们有意愿时你是否可以为其提供服务。在公开求售房业务中，你要确定自己遵守有关经纪人的资质要求。在我的销售农场业务中，我会针对本地区农业从业者举办“公开求售农场预演会”。举办一个有大量有关农场信息包装的烧烤会，通常也是获得新销售项目的好方法。有创造力并且使用其他行业采用的好方法，你就可以得到你需要的优势。

邀请您
参观公开求售房现场
3月28日（周六）下午2:00—6:00
请驻足参观一下这个有吸引力的房产
赞恩街25号
经纪人安杰莉卡·古铁雷斯盛情邀请您的光临
期待和您讨论这个优质房产的相关细节
Brad Carroll 房地产经纪人公司
733－2852

图 5—3 传单/邮件

小 结

一个房地产销售人员要想成功，他/她应该建立一个目标客户开发系统。目标客户开发是销售人员获得具有房地产服务需求的客户的一种计划方法。目标客户开发可以从多种资源处获得，比如满意客户和影响中心等。

目标客户开发的关键是持之以恒。虽然没有最好的方法，但形成一种对业务开发有效的方法是很重要的。太多的有潜质的经纪人在“等待事情发生”，但最后一无所获。目标客户开发可以使这些经纪人能够做成一些事情。

此外，一个销售人员要通过市场耕作来开发目标客户，这是一种在特定市场区域进行目标客户开发的系统方法。在选择了要进行市场耕作的区域后，销售人员要熟识当地居民，汇总当地特定信息，并且不断强化初次客户接触的效果。对于销售而言，业主自售房、过期房源上的房产和公开求售房也是目标客户开发的方法。很少有房地产专业人士长期成功的职业生涯是靠等待买卖双方客户得来的，房地产销售人员必须努力开发目标客户。

复习题

1. 成功的房地产销售人员需要具备哪两个重要的特质？

2. 不确定意向客户和目标客户有何区别？
3. 什么是目标客户开发？
80 4. 目标客户开发为什么重要？
5. 你如何帮助那些需要出售房产的人？
6. 什么是影响中心？
7. 什么样的人最有可能成为影响中心？
8. 影响中心为什么会帮助你？
9. 无论何时你从影响中心那里得到线索，你需要做的两件事情是什么？
10. 为什么需要举办公开求售房参观活动？
11. 一个好的市场耕作取决于哪些因素？
12. 创建一个市场耕作的步骤有哪些？
13. 在目标客户开发中，最初客户接触的目的是什么？
14. 为什么在最初的电话接触中不要表达太多内容？
15. 在你和客户进行最初接触后你需要做什么？为什么？
16. 为什么过期房源上的房产最初卖不出去，但仍然具有市场价值？
17. 在目标客户开发过程中，你接触客户的频率如何？

讨论题

1. 在你的市场耕作区域你将寻找什么？
2. 描述你觉得自己使用非常成功的其他目标客户开发方法？它们为什么有效？
3. 目标客户开发被称为永无止境的行为，你同意吗？

情景题

开始目标客户开发

经纪人阿里尔·麦基（Ariel Mackey）有一个问题。她最近从其他州搬到你们社区了。阿里尔通过你们公司拥有了经纪人执照，现在她需要在完全陌生的地区开始销售房地产。关于如何形成目标客户开发系统你能给她提供一些建议吗？

81 市场耕作计划

辛西娅·特雷勒（Cynthia Traylor）住在离大都市有 30 分钟路程的小乡村，这里没有主导性的房地产公司。她发现这个区域和她目标客户开发的努力方向非常相近，因为她是一个“只”在这儿住了四年的“外来者”，并且还没有进入农村市场。辛西娅应当如何在这个区域进行市场耕作呢?

行动指南

在市场耕作区域进行目标客户开发的一个有效方法就是直投邮件。访问下面的网站:

- http://www.amazingmail.com
- http://www.expresscopy.com

比较这两个明信片供应商网站，请解释如果你作为一个新的房地产经纪人要在当地进行市场耕作的话，你会使用哪个公司提供的直邮软件，为什么?

哪种类型的明信片对你在市场上进行耕作最有用?选择你进行市场耕作最喜欢的直邮信纸（或者纸张/明信片）。

第 6 章

房源发布

关键词

83 公平市场价值（fair market value）
附图（rider sign）
房源经纪人（listing agents）
滞销房（shopworn property）
房源发布工具箱（listing presentation kit）
看房经纪人（showing agent）

房　源

第 5 章所讲述的目标客户开发方法告诉你如何提供服务。在某种情形下，当潜在卖方出现时，你可以通过发布房源来描述你的服务。房源发布是经纪人为预期的卖主准备的，使他们获得接触市场上房源的机会。一个有效的发布会产生很多房源。拥有很多房源的富有经验的销售人员会意识到一个成功的发布不是意外出现的——要投入许多时间和努力才能增加其成功的机会。本章将描述房地产市场中房源的重要性，并提出开展有效房源发布的指导原则，最后提供一个检测，看看在形成房源发布工具箱时应该包括哪些内容。

房源的重要性

年轻的没有经验的房地产销售人员往往是在一个有多年成功经验的经纪人手下工作。有经验的经纪人首先要告诉新入行者的一件事是："你不能卖你还没有得到的东西。"不要忘记房源对于房地产业大多数人的成功是多么地重要。开发一种形成连续的房源目录的方法是必要的，其原因主要如下所述。

84 **公布于市场**

当经纪人拿出房源并贴上"出售"标志时，附近的居民很快就会知道相关信息。无论这个房产是住宅、农用还是商用，有一点是一样的：经常会发现当你挂出"出售"标志回到办公室时，就已经有人打电话开始询问情况了。因此经纪人在挂出标志之前就应该掌握有关的必要信息。无论打电话询问者是真感兴趣还是仅仅是好奇，经纪人都已经让外界对房源产生了一定的印象。许多成功的房源都会在公司标志上再单独附一个**附图**（rider sign），上面写着经纪人的名字和家庭电话号码。这可以增加经纪人个人信息在该区的公布。如图 6—1 所示。

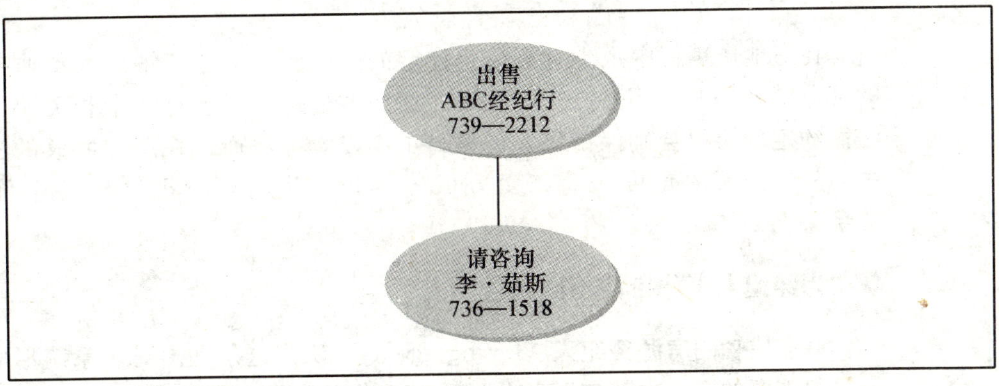

图 6—1　附在公司"出售"标志下面的附图

产生更多的业务

发布房源还会带来其他好处。一个有经验的销售人员会用新的房源唤起本区域其他业主卖房产的欲望。附近社区或者周边街区就会有一些想在附近投资的人，或者，如果附近房产业主看到经纪人销售很成功，也许一个新的房源就会出现。这就意味着有可能出现更多的业务。图 6—2 列示了接收和发送给住在新的房源附近的房产业主的短信，这可能会产生额外的业务。要记住：当房源上的房产卖出去后，要告知该区域的人们，以证明你的能力。但你要避免泄露相关销售的具体细节。成功交易的宣布也许会带来更多的可供销售的房产。

85 亲爱的哈德女士：

我最近发布了住在柯瑞杰 734 号琼森家的房产，我想你有可能知道谁会对这个房子感兴趣。如果我能够为您和其他任何需要发布房源的人提供服务，请联系我。

祝好！

李·茹斯

ABC 经纪行 739－2222

家庭电话：736－1518

亲爱的房产业主：

我们公司已经授权发布了柯瑞杰 734 号的房产。你也许知道谁对这个房子的相关信息感兴趣。如果有的话，请您和我电话联系。

谢谢！

李·茹斯

ABC 经纪行　739－2222

家庭电话：736－1518

图 6—2　给房源附近业主的短信范本

房源的稳定性

在房地产销售中很少有事情是稳定的。然而，房地产销售人员业务中稳定的部分就是房源。当然，卖方和发布房源的公司之间会有一个相关协议。这个
86 法律约定的协议会确保销售人员努力工作以卖掉房产。在房源协议的法律关系中，从经纪人的角度来看，卖方成了客户。我们有时把这种关系称为委托关系。

“为经纪人工作扮演不同角色的人”

许多成功的**房源经纪人**（listing agents）认为这条理由对于系统形成房源目录是很重要的。每次都有不少人要看房，潜在的买方和**看房经纪人**（showing agent）要和房源经纪人共同工作才可能卖掉房产。在许多案例中，房源经纪人甚至可能不在销售现场。从事该项业务的销售人员知道如果有其他不同角色的人一起努力来帮助卖掉房产，那将是可靠而聪明的选择。当其他销售人员真正开发出一个买家后，房源经纪人也会在当地销售中提高信誉。

房源发布的指导原则

知道房源很重要但这并不意味着你就知道该如何去做。每个销售人员都要单独进行房源发布，有一些基本指导原则对于大多数成功发布都是必要的。你需要

通过两个步骤进行房源发布。第一步是考察房产，汇总诸如范围、现有贷款、销售动机等信息。第二步是实际发布。在一些案例里，你能发布的内容往往是基于第一次考察得到的。不同的房产情况也会不同，但是不要担心你打破这些步骤，只要你接触的卖主越多，你就越有可能进行专业的发布。图 6—3 用流程图描述了这些任务。

信息收集阶段

(1) 在房源发布工具箱中的基本信息

(2) 特定信息

　(a) 某类房产竞争市场分析报告（CMA），要准确和完全

　(b) 对房产进行考察，如果需要也可以测量房产面积

　(c) 关于已有抵押、税收评价、贷款等方面的财务调查

如果该房产值得进行房源发布，下一步要做的是：

发布阶段

(1) 和那些在竞争市场分析报告（CMA）中的同类房产进行比较

(2) 根据交易手续费报告中实际交易的房产净值来显示建议的销售价格

(3) 考虑要承担的工作以及卖方需要共同努力的内容（可以使用类似于图 6—4 所示的市场计划）

(4) 签署房源协议文本

如果成功完成发布，接下来要做的是：

执行阶段

恭喜，现在你可以开始对房产进行营销了

图 6—3　房源发布的流程图

制定发布计划

就像前文指出的那样，一个成功运用房源的经纪人知道做出有效的发布不是意外出现的。要想很专业是需要投入时间和努力的。在发布中出现的信息一定要是最新的，必须是当地市场状况最新的准确数据。一个竞争市场分析报告会提供必要的信息。

使用 CMA

第 4 章中所描述的竞争市场分析报告帮助卖方提供了可靠的谈判工具以决定正确的销售报价。如果是过期的、不完全的、不准确的分析，会导致一个很差的报价。要为你的每个房源发布准备正确的竞争市场分析报告。细心的买主很快会了解到**公平市场价值**（fair market value）——这价格是一个有准备、有意愿并且有能力购买的买主在特定区域内低于基本市场条件下支付的价格——因此买主经常拒绝去考虑那些价格过高的房产。而且那些看房经纪人也会认为没有必要浪费客户的时间，去销售那些不合实际价格的房产。如果销售人员在同事中形成不顾价格去发布房源的印象的话，那将是难以改
87 变的坏印象。这种问题的简单解决方式就是通过 MLS 系统的中央电脑信息去了解情况，如果你不能进入 MLS，则开展调查工作就是必要的。

帮助卖方决定现实的价格

卖方往往坚信自己的房产应高于现实的价格。没有经验的销售人员会迫于压力接受较高的报价发布房源，这很可能导致**滞销房**（shopworn property）。滞销房和其他同类房产相比要在市场上等售很久的时间，给人产生房源有错误信息的印象。卖方将很不高兴、很不合作，这会使房源经纪人非常沮丧。如果价格大大高于所显示的公平市场价值，许多销售人员都会简单地拒绝将其列入房源。

如果卖方坚持高价出售，也许明智的方法就是让他（或她）去找别的销售人员和公司。毕竟，这些卖方可以占用你强劲竞争对手的时间和精力！实
88 在不行，你就要争取让卖方同意，在用高价（基于你的市场调查）发布一小短时间后，再按照市场价值来调整房源上的价格。对于任何人来说，最好的计划是刚开始报价时就能以经过细致市场调研后评估出来的公平市场价值来确定价格。

正确地准备书面文本

预先计划也意味着把所有必须要用的表格准备好。比如房源发布协议、卖方销售费用表和公司要用的其他表格都需要能够清晰地、持续地、有信心地解释出来。以适当的方式提供这些信息可以使卖方产生你很优秀、很专业的印象，能够提高客户对你和公司的信任感。

在房源发布过程中，你需要从卖方处了解相关信息以完全实现你的职责。比如，确切的法律描述、现行的税务状况、有关的贷款信息和房间面积大小等都是必要的信息。要和卖方确认好哪些个人财产是捆绑在一起销售的，要把这些放在房源发布协议中。如果买卖双方能够明确哪些是要卖的，哪些是不包含在销售中的，将会节省很多时间，减少很多不必要的麻烦。

经纪人职责描述

房地产业务非常复杂，因此人们常会疑惑销售是否能够完成。房源经纪人的能力是顺利实现交易的重要影响因素。卖方经常不知道转手房产会发生什么事情。如果你能完全解释清楚你在帮其销售房产过程中的角色，卖方就能更好地理解并且觉得你所提供的服务是值得付费的。

许多公司都会给所提供的服务起个名字以使其感觉更实在。图 6—4 提供了一个专业市场计划的范例。你也可以向房产业主解释房地产销售过程的步骤。用类似于第 1 章的流程图，告诉卖方并让他理解交易过程包含哪些阶段。将每个阶段中你要做的事讲述给客户，告诉他（或她）你为他们所做的工作。不要惊奇一个卖主会说这样的话：“我真没有想到你为了帮我们卖掉房子做了这么多事！”这也许正是经纪人希望听到的语言。没有人愿意和一个看上去显得不确定，对所提供服务和产品感觉不确信的销售人员打交道。如果你真正希望帮助卖方，那你就应该传递这样的信息：你是令人放心并且服务很专业的。

89

ABC 房地产经纪行专业的市场计划

以下是我们能够为您提供的服务：

1. 为您的房产准确估价
2. 把您的房产向公众和其他房地产经纪人公开出售
3. 在我们专门的广告计划中刊登您的房产销售信息
4. 通过我们的全国推荐系统和本地 MLS 系统发布您的房产销售信息
5. 训练有素的专业销售人员随时履行职责
6. 为您联系有兴趣的预期买主去看房
7. 代表您进行所有的商谈
8. 获得最有利的财务费用
9. 全程监管所有的细节
10. 在销售结束后提供额外帮助和跟踪服务

如果您对这份计划感兴趣，请联系：

销售人员：李·茹斯
ABC 经纪行
办公电话：739－2212　　家庭电话：736－1518

图 6—4　服务项目汇总范例

卖方职责描述

房产的卖方在销售中也扮演着重要角色。在房源发布的过程中，卖方的角色和责任如下。

帮助而不是销售

卖方不要做的一件事就是自己去处理每一次看房。如果卖方自己处理，往往经纪人会拒绝帮其安排看房。

看房经纪人不可能比业主更了解房产，但是销售人员更多地知道买方看重什么。业主应当在需要的时候提供支持和信息。当一个看房意向出现时，许多成功的房源经纪人要求卖方不要出现或至少不要成为障碍。

潜在的买方需要能够自由地讨论该房产的优缺点，因此如果卖方在场将会感觉很不舒服。

灵活性

另一个需要在房源发布中讨论的重要因素是如何灵活地安排看房。所有的看房约定都需要充分准备并安排好时间。但不幸的是，对于卖方最合适的时间往往并不是潜在买方最合适的时间。有时甚至连半个小时的时间都碰不上。这就需要卖方能够充分地理解并接受，否则就没法安排看房了。许多有经验的销售人员出于礼貌，会给卖方尽可能多的时间来安排。但如果卖方能够理解在安排看房时保持灵活性是多么重要，那他就会成为真正的人才。如果拒绝看房，卖方将无法卖掉房产，至少暂时对这个潜在买方来说。

90 **保持房产能够拿得出手**

卖方还有一个关键的角色就是要在看房时保持房产尽可能地像个样，使它能够拿得出手。潜在买方会感觉这个房产“很好很干净，值这个价格”，这才能确保成功销售的机会得以实现。然而，当一个潜在买方看到这个房产非常脏，他（或她）就不可能用这样的价格去购买，这是销售中存在的风险。也许房源经纪人感觉不太好讨论这个问题以免使卖方尴尬。然而，如果这样的建议被建设性地接受，在看房之前做一些准备工作让房产看上去像个样，能够拿得出手，这将对人员销售和卖方都产生最大化的收益，你应该毫不犹豫地向卖方提出这样的建议。一些修补和清理无论如何是要在看房前最终做好的，这样才能使人对房子产生好的印象。

房源发布工具箱

你需要在房源发布过程中记住很多事情。一些公司鼓励销售人员开发一个资料包，以确认所有需要做的事都包括进去了。这个资料包常常被称为“房源发布”工具箱，并且很有价值。本书所说的**房源发布工具箱**（listing presentation kit）是指经过精心选择，用于房源发布的资料汇集。在这个概念中有几个关键词。这个工具箱是一个汇总，要花时间和努力来汇总各类资料。这个工具箱里的信息一定要精心选择，不要随意地放在一起。这些内容收集在一起可以用于任何特定的场合，有时并不是所有的都要用上。

许多人都问为什么房源发布工具箱很重要，这至少有三个原因：第一，这个工具箱可以增加经纪人成功的机会。虽然精心设计房源发布工具箱并不能确保每次都能形成房源发布，但它能帮助经纪人确认为了发布应提前做好的准备。即使最有经验、最成功的销售人员偶尔也有慌乱的时候，可能会忘记一些销售中的关键内容。如果这些内容对卖方非常关键，那就将导致失去这个房源。通过有效的相关信息收集，销售人员更有可能获得一个完全的、更有效率的房源发布。表6—1是一个应包含在工具箱中的资料列表。

表6—1　　包含在房源发布工具箱里的项目列表

91 **确认工具箱中有下列内容：**

1. 有关你公司的信息。包括经纪行的规模、人数和获得的荣誉等等。
2. 有关你的信息。包括经历、教育、获得的奖项等等。不要不好意思，在这里要有吸引力地表述实际情况。
3. 满意客户清单（只有在每个客户允许的情况下使用）。要有足够的数量以便于有可能成为卖方的客户随机挑选，这种情况下你无法完全控制客户的选择。
4. 改善房产状况以适合看房的技巧。这也许就是报纸标题、小册子或者你自己所定的“帮助房产自身成功出售的十大简易方法”。
5. 关于预展、标识、广告、分发钥匙、预约看房等方面的公司制度。记住要基于受惠客户的原则来解释每点：“这意味着你要做……”。
6. MLS信息（如果能用的话）。比如：“不是只有ABC房地产经纪行能为您服务，通过我们，其他房地产经纪行将注意到你要卖房子，他们也可以联系一些买主来看你的房子。”

7. 区域市场以前卖的房子。完整地看一下现在要出售的房源，会发现一部分是已经卖过的（关注其销售价格和条件），还有一些是已经过期的（关注其竞争市场分析报告）。
8. 金融市场有关内容（短期和长期的利息）。包括利息率、折扣点等等，一定要是现行的。
9. 交易费用陈述报告，要显示不同销售方法及其不同的卖方负担费用。
10. 房源协议文本和定金合约文本。应该让卖方轻松认真地看空白文本，如果卖方提出问题，那也给了你一个回访的理由。
11. 获得房源所需要的其他物品。包括笔记本、钢笔、录音带、税率表等等，都需要准备好。

第二，工具箱可以节省经纪人发布过程的时间。许多资料是在任何一个发布
92 中都需要利用的。提前将那些通常要用的信息准备在一起是很有用的：销售人员不用每次都疯狂地忙着去将所有资料收集在一起。工具箱可以帮助销售人员节省时间，这些时间将用来关注有关房产和位置上的其他特殊或专门内容。

第三，拥有一个工具箱可以建立发布的信心。如果准备很充分，许多人都会更有信心。工具箱是一个保障，是一个有效的销售支持。如果销售人员给人一种自信的印象，那将使卖方感觉放松，并参与到发布中来。换句话说，卖方的放松和参与更有可能产生房源。

工具箱的内容

工具箱中经常要用的东西可以整齐地放在一个整洁的塑料架上，并按照你感觉最好的方式整理好。有房源发布工具箱的目的就是确认你已经准备好并能够控制整个发布过程，这将在很大程度上增加你获得房源的机会，因此在没有获得帮助卖方销售房产的机会之前不要停止。

特殊顺序、每部分的重要程度以及工具箱包括的其他额外资料要根据每个不同销售人员的实际情况确定，但下面这些内容是每个销售人员的房源发布工具箱中都应该有的。

经纪人和公司的信息

每个人都想知道和他们打交道的经纪人和公司的信息。如公司的规模、从业年份、对经纪人的培训和教育以及获得的行业荣誉。不要不好意思介绍你个人和公司的声誉，这是一种销售工具。此外还有以前满意客户的推荐信。

改善房产状况以适合看房的技巧

如本章前面所述，一个没有准备好的房产会成为销售的障碍。可以从多处获得提供给房产业主的写得很好而且便宜的小册子。在全美**房地产经纪人**协会那里就可以获得这样的小册子，或者你们公司自己编制也可以。

市场计划

和卖方一起讨论整个销售过程是很重要的，在每个阶段都要考虑卖方和你本身应扮演的角色。

地区交易状况

掌握准确的竞争市场分析报告以帮助确定现实的房源价格。

交易费用相关信息

销售价格并没有房产的资产净值重要。做好准备列出所有的财务项目，并且解释相关的交易费用。测算卖方要付的交易费用，列出一个如表 6—2 和表 6—3 所示的费用项目汇总表是很有帮助的。

表 6—2　　测算卖方成交费用

93 买主：　　房产地址：　　日期：　　制作人：

	退伍军人署(VA)①方式	联邦住房署(FHA)方式	普通房贷方式	现金方式	买方承担已有房贷方式	业主自己操作方式
经纪费用						
房契保单						
担保契约（1）	250.00*	250.00*	250.00*	250.00*	250.00*	250.00*
信托票据或契约（2）	160.00	160.00**	0	0	0	0
确保支付的信托契约	0	0	0	0	35.00	0
每次交易的文本契费	25.00	25.00	25.00	25.00	25.00	
第三方保管的契据费（平均）	140.00	140.00	140.00	140.00	140.00	140.00
税收证明	15.00	15.00	15.00	15.00	15.00	0
白蚁检测报告（平均）	85.00	85.00	85.00	85.00	85.00	85.00
评估（3）	350.00	350.00		***	***	0
贷款折扣费（4）——VA/FHA——惯例						0
调查（普通住宅）	30.00	30.00	0	0	0	0
限制、分期付款和照片	47.00	47.00	0	0	0	0
预付罚金					0	0
房屋修理费						
其他费用						
预计交易费用总额						

（1）*基于担保的部分。

（2）**只有当交易费用计入时。

（3）***通常由卖方来付，但也可由买方来付。

（4）贷款折扣额基于细小不易注意的变化。

（5）卖方应立刻通知抵押贷款提供者有关尚未确定的“联邦住房署贷款支付规定”（FHA LOAN PAYOFF），以减少利息和支付费用。

（6）当房子被腾出来后应通知保险公司。

---

① 美国在 20 世纪 40 年代及 50 年代相继成立联邦住房署（Federal Housing Administration，FHA）、退伍军人署（Veterans Administration，VA），FHA 和 VA 在二战后注入了数百万美元的贷款资金进入住宅业。——译者注

销售价格						
最低贷款额						
卖方总额						
预计最低交易费用总额						
卖方净总额**						

**税和保险按比例加减。　　　　注意：这只是预估的费用，实际还有变化。

表 6—3　　　　**卖方成交费用的说明**

94 **经纪费用**（broker's fee）：为房地产公司提供市场服务所支付的费用或佣金。佣金是根据房源发布协议中的约定计算的。

产权保单（title policy）：由业主买的保单，用来防止不可知的留置权、抵押权或者防止房地产所有权被转让。卖方通常按照销售价格来确定保价，并一次性支付。保单价格由州保险委员会（State Board of Insurance）来确定，并且在卖方拥有房产过程中都有效。（该保单不可转让。）

担保契约（warranty deed）：授予人完全担保房地产有清晰所有权的一种契约，在大多数房地产转让契约中，担保契约为各类契约提供了最好的保障。

票据（note）：写明债务和偿还条款的书面约定。

信托契约（deed of trust）：对用票据借款购买的房产建立抵押留置权的协议。

确保支付的信托契约（deed of trust to secure assumption）：一种协议，用于买方购买房产并承担卖方已有房贷，在某种特定的情况下，当买方停止供款不履行责任时，现在的卖方要继续支付贷款。

每次交易的文本契费（filing fees per release）：每次房地产交易时载明所有权已经转让的文本记录费用。

第三方托管费（escrow fees）：支付给第三方代理人用于处理交易和检查定金合同中所有条款是否履行的费用。

税收证明（tax certificates）：所有相关税收代理人出示当前要出售房产税务状况的文件。

白蚁检测报告（termite inspection）：有资质的检测机构出示的描述房产是否有白蚁或其他损害木料的害虫的报告。

估价（appraisal）：按公平市场价值评估，多用于协助贷款机构确定房屋贷款额。

贷款贴现费（loan discount fee）：放贷者在其他投资选择的竞争压力下增加的费用（点），每个点相当于贷款总量的 1%。

测量（survey）：有资质的测量机构关于准确房屋边界的检测报告，篱笆线、附属房产和侵占物等也会包括在报告中。

各种类型表单文本

要准备好本章前述所必需的表格，并且能够对每个表单文本进行清楚解释。

小　结

95 房地产销售人员所进行的房源发布是通过经纪公司把业主的房产用房源的方式对外介绍出去。当销售人员做成一个房源，经纪人要把它发布到市场，还会接着产生其他业务，并且需要其他角色的销售经纪人共同参与。

要想成功发布房源，销售人员应该提前做好计划。这就包括准备一个房源发布工具箱，它是经过精心选择用于房源发布的资料汇集。在这个工具箱中，应包括经纪人和公司的相关信息、帮助卖方改善房产状况以适合买方看房的技巧、当地房地产交易状况的细节信息、各种用于房地产交易的表格和其他所需要的物品。

复习题

1. 开发一种形成连续的房源目录的方法有哪四个重要原因？
2. 为什么在挂出“出售”标志前掌握关于房源的完整信息很重要？
3. 在进行房源发布时，有哪三个主要的指导原则？
4. 帮助卖方决定合适房源价格的最好谈判工具是什么？
5. 为什么在帮助卖方销售房产时解释清楚你的角色如此重要？
6. 为什么在看房过程中业主最好不在？
7. 为什么经纪人要用房源发布工具箱？
8. 有哪七项内容是每个房源发布工具箱中必备的？

讨论题

1. 许多房地产人员都会说：“要想持续从事这一行业，你必须学会得到房源。”请解释这句话。

2. 除了本书中房源发布项目表中所提到的资料，你觉得在房源发布工具箱中还需要添加什么？

96 3. 当你遇到一个卖方坚持要在每次看房时自己来安排，你该如何处理？

4. 你是否曾经看到在销售过程中使用的房源发布工具箱？它对经纪人有帮助吗？

情景题

威尔逊的房产

在准备为威尔逊夫妇发布房源时，你拿到一个他们所在区域的竞争市场分析报告，见表6—4。他们的房产和所住区域附近的很多房子相似。你在感谢他们给你机会与其交谈，并用几分钟时间努力让他们更了解你后，威尔逊先生突然切入话题问道：“我非常想知道你是如何以最不麻烦我们的方式，在最短的时间里为我卖出最多的钱？不知道你和你们公司为实现我的这一要求能够做些什么？”你现在如何回答？

表 6—4 **威尔逊房产的竞争市场分析报告**

97 房产地址：威瑞杰 149 号 时间：3 月 4 日

正在出售的房产	卧室房间数	卫生间	书房	面积（平方英尺）	第一次贷款	销售要价	在市场上发布的天数	条件
莫特威 318 号	3	2	无	1 569	159 500	188 000	10	公开求售房，刚刚重新装修完毕
俄瑞杰 1215 号	3	2	有	1 400	123 400	187 000	25	书房有壁炉，以普通房贷方式
瑞杰威 181 号	3	1.5	有	1 580	0	167 000	40	房顶需要维修，没有车库
威瑞杰 166 号	4	3	有	1 800	143 000	192 000	18	街角地，有储藏棚

12 个月内已售房产	卧室房间数	卫生间	书房	面积（平方英尺）	第一次贷款	销售要价	在市场上发布的天数	销售日期	销售价格	条件
俄克瑞 307 号	3	2	有	1 390	133 500	180 500	12	2 月 10 日	180 950	买方承担已有房贷方式
莫瑞杰 1951 号	3	2	无	1 600	0	188 000	35	2 月 28 日	184 500	业主自己操作方式
俄克可 158 号	3	2	有	1 580	149 800	185 000	60	1 月 10 日	182 300	退伍军人署（VA）方式
娄俄克 1972 号	4	1	有	1 900	148 000	192 000	45	1 月 1 日	187 000	买方承担已有房贷方式
威瑞杰 1300 号	4	2	有	1 850	156 000	189 500	8	2 月 12 日	186 750	普通房贷方式

12 个月内过期未售的房产	卧室房间数	卫生间	书房	面积（平方英尺）	第一次贷款	销售要价	在市场上发布的天数	条件
威瑞杰 518 号	3	2	有	1 400	149 000	189 000	80	2 月 20 日撤回房源
莫瑞杰 906 号	4	3	有	1 800	127 000	193 000	120	公开求售 60 天
俄得沃 1129 号	3	1	无	1 250	153 250	179 900	110	公开求售 30 天

房源发布工具箱：用或者不用

乔·卡萝尔·帕克斯（Jo Carole Parks）是你社区中最有名的成功房源经纪人。她认为没有哪个成功的房源发布不是在经过预先的计划和准备后获得的。她更强调所有的销售人员为了实现房源，应该遵循某些规律和实施某些要点。你对这点是怎么看的？

第 7 章

广告和沟通过程

关键词

99 态度学习（attitude learning）
行为学习（behavior learning）
认知学习（cognitive learning）
本能学习（instinctive learning）
监控（monitoring）
困境广告（distress advertising）
负面广告（reverse advertising）
产品广告（product advertising）
机构广告（institutional advertising）
目标市场（target market）

和消费者沟通

在前面的章节中，我们从群体角度对客户或者买方进行了讨论。然而通常你在一次销售中只交易一个房产。因此，基于个体基础上去理解买方和卖方也是重要的。

人们是如何学习的

一个潜在的买方或者卖方来到你的办公室，他（或她）有着自己对问题的认识和经验，包括对房地产买卖的认识。知道人们是如何学习的将会帮助你更有效地进行交流。

你是否曾经有因火炉太热而把手赶快移开的经历？我们通常把这叫做本能，但我们在早期确实是通过这种方式学习了很多东西。幼儿时期，**本能学习**（instinctive learning）教会我们哪些事可以做，哪些事不能去做。

另一种学习类型是**认知学习**（cognitive learning），用来学习基础信息。当一个潜在买方了解不同房产的基础价格和功能时，他就是在实践认知学习。当形成新的经历时，我们所有人都要经历这个阶段，尤其是需要决策的时候。

100 **态度学习**（attitude learning）更加复杂。在生活中，我们收集信息，做出决策，形成结果。因此，我们对特定的款式、品牌和各类产品会有喜欢和不喜欢的不同反应。这种从我们经历中形成的知识决定了我们对新的理念、经历和产品产生何种反应。

所有这些学习类型都是为了形成第四种学习形式——**行为学习**（behavior learning），我们通过自己和他人的决策经历来影响自身的行为。简单而言，不断重复的经历所形成的强化，使我们的行为会采用某种特定的方式而不是其他的方式。因此，所有的学习类型，其目的都是帮助我们学会如何实际去做。

沟通

我们最终是要和别人进行沟通的，这是很难做的一件事。你也许见过这样一个测试：很多人排成长队，第一个人把信息传递下去，结果最后一个人所得到的信息和刚开始的信息已经完全不同了。长队中最后一个人得到完全不同于最初信息的原因是因为"噪音"。每个信息都有发送者和接收者，但在两者之间会有噪音，即其他各种事情会影响他们的注意力。接收者自身的经历会影响他（或她）如何接收这个信息，发送者的经历会影响他（或她）如何发送这个信息。在长队中的每个人都会根据自己不同的感觉、价值观和态度，以细微的差别来发送和接收信息。这种基于个人经历的信息过滤效果对个体之间的沟通产生了极大的影响。

这对于大量市场信息来说也是如此。做一个广告或者发布一个商业语言，其实是在告诉接收者他们个人的特定需要。然而，你发布广告时必须注意噪音的影响。电话在响、门铃在响、收音机在响，这种情况下你的广告就被淹没了。所有这些噪音都会分散接收者对你的信息的注意力。有两种方式可以使你的信息避免这种分散：

第一，这个信息能够吸引别人广泛而特别的关注。你的信息是重点强调安全和保险性，还是强调其特殊地位，或者是能够获得财务收益？所有这些不同信息其各自的吸引力是不一样的。确认这些信息哪个更合适的唯一方法，就是了解接收者需要什么，从市场的角度来说就是要了解目标市场的需求。

第二，通过重复信息来削弱噪音。也许接收者第一次看到你的信息时根本没印象，那你可以进行第二次或者第三次传递。这就是为什么很多市场人员会不只一次或者两次地传递他们的信息，以及很多人会在接到第二次广告或邮件时进行反馈而不是在第一次。

当你面对面接触他人时，所有这些都会产生效果。虽然本书的大部分内容都是关于如何处理个人销售，但其中需要记住的要点是你要了解买方或卖方的多种感觉，这会很好地帮助你提高个人水平。你要能意识到买方准备买的表象标志，要了解他（或她）所关心的内容（有的说出来，有的并未说出来）以及如何更有效地吸引他们的关注点。

沟通障碍

101 沟通过程不是没有障碍的。人们说的和他们理解的有时是不一样的，并且，被理解的内容和被听到的内容有时也根本不同。我们都有沟通不畅的经历，在房地产销售中更是这样。经验丰富的销售人员经常会说销售因为沟通不畅而失败，当这样的事情发生时要被责备的自然是销售人员自己。

下面是销售人员要避免或者努力减少的四个沟通障碍。通常肯定不止以下四个障碍，但这里提供了我们在销售中要注意的要点：

1. **偏见**（prejudice）——这里说的偏见不是与种族、宗教等相关，而是指“错误的知识”。在强烈的偏见下，卖主会认为 185 000 美元的房产值 225 000 美元。那些在偏见操控下的客户也会认为所有经纪人都在为利益而欺诈。有时这种障碍很难消除，但是通常通过合理地、持续地公正解释，有可能减少这种偏见。如果客户坚持这种不正确的认识，出于尊重他们的角度你只能放弃这一业务去另寻别的机会。

2. **分心**（distraction）——如前所述，分心或者噪音严重阻碍沟通。有些分心是可控的，但另一些是难以控制的。对于一些潜在买方来说，看房时卖方在场也许会给其带来明显的分心。机敏的销售人员会意识到这种分心，因此尽量在卖方不在场时带买方去看房。困倦的、调皮的孩子会造成房地产销售中另一种常见的分心，其解决方法是把孩子留在朋友处、家里或者放在日间托儿所。我就曾好几次自己花钱把客户的孩子放到日间托儿所，以使来自外地的潜在买主能够在孩子不在场的情况下做出购买决策。要记住：任何被你减少的分心都会增加成功的机会。

3. **疏忽**（inattention）——你曾经上过“学会倾听”这样的课程吗？倾听是很困难的，大多数人都做不好。消费者有时会疏忽很多信息。即使是偶然现象，但你也要经常通过让他们积极参与沟通过程来解决这个问题。在交谈中给予他们一个真正“公平的位置”。要记住：人们通常都会支持自己参与创建的事。请买方或卖方表达他们的观点、意见和感觉，然后你去倾听、理解。销售过程不是销售人员不间断地述说，要理解对别人说和与别人交流之间的区别。

4. **感觉**（perception）——这是指对我们周围发生的事情的个人理解。如果你不相信每个人的感觉不一样，你可以请 6 个事故发生时的目击证人，让他们描述事故细节，你会发现你将得到很多不同描述。我认为的事实仅仅是对我而言的事实。举个例子，请仔细看下面这句话：

102 FINISHED FILES ARE A RESULT OF YEARS OF SCIENTIFIC STUDY COMBINED WITH THE EXPERIENCE OF MANY YEARS.

你现在再看一遍，关注每个词的意思。然后算一下这句话中有几个 F 字母。你会得到几个呢？3 个？也许是 4 个或者 5 个？实际上一共有 6 个 F，但是多年来我所接触的数百人中（包括我自己第一次）只观察到其中的 3～5 个。有一些人甚至为他们错误的感觉固执地用请客吃饭甚至用佣金和奖金来打赌。你下一次遇到这种因为感觉所造成的障碍，就想想这个“找 F 字母”的测试。什么是好的邻居、好的价值、好的回报，对这些问题每个人的感觉都不一样。你尽可能努力理解一个特定买方或卖方的感觉状况，然后依据这种理解来开展工作。通过有效沟通不断产生的销售收获一定会令你惊奇。

广　告

与潜在买方和卖方进行沟通的一个重要形式就是广告和推广。当然广义的推广包括许多方面：公开宣传、公共关系、礼品广告物件①等等。这些都是很重要的，但在房地产推广中最大的部分是广告。

用广告吸引卖方和买方

任何推广计划的成功与否都是根据能产生多少新业务来判断的。投放广告的最重要原因是要吸引新的目标客户。注意这里用的是目标客户，而不是买方。潜在的买方有可能在分类房地产报纸广告中看到广告。然而，要知道那些潜在的卖方也在看同样的广告。准备发布销售房产信息的房产业主经常会好几天关注公司的广告。如果卖方没有看到或者对你公司刊登的广告没有太多印象，那这个房源就有可能落入别的公司。可以想象到一个低价房的业主看到你们公司只刊登高价房广告后的反应，或者商业房产的卖主认为你们公司只销售住宅房产因为在你们公司刊登的广告中只有住宅。这些例子指出了当你在开发广告时既考虑到潜在买方又考虑到潜在卖方所带来的好处。

强化经纪行的形象

广告的另一个原因是树立所期望的形象。如果房地产经纪人所在公司希望向

① 礼品广告物件（specialty-advertising items）是指包含赞助人的标志，有时也许还包含相关的宣传信息，标志和信息一般出现在有用的或装饰性物品上，这些特品通常像礼物一样免费赠送。——译者注

公众树立某种形象，一个细心策划的广告攻势是有帮助的。政治家多年来都使用这种方法。所有商业组织都处于自己生命周期的某个阶段。一个成长型的企业会决定在市场上树立上升的形象，一个成熟的公司更愿意树立一个稳定和长久的声誉。无论是哪种，广告都是有帮助的。

103 **在市场上发布**

每个行业都希望能够告知公众它所提供的产品或服务。在市场上进行发布是广告的一个重要原因。大多数客户不是天天都需要专业房地产服务，所以以前的客户随着时间的流逝很容易忘记原先提供服务的销售人员或公司。除非总是不断被提起，否则一个满意的客户也许会在下一次到别的公司寻求服务。这说明销售人员需要能够经常使其姓名和公司名称出现在公众面前。一个新入住该社区的人也许还不知道谁能提供这种服务，而广告就可以解决这个问题。

教育公众

现在房地产领域的复杂性是令人难以置信的。对于许多参与者而言，教育公众的机会是做广告的一个好理由，并且直接与其他目的相联系。如果潜在的买方和卖方意识到自己需要专业帮助，他们就会去搜寻。那些通过精心策划的广告攻势一直在提供信息的房地产公司，最有可能成为需要帮助的客户首先想到的公司。

教育还延伸到其他领域。关于你们公司已有的令人印象深刻的广告展示，以及有关你们所有广告活动如何让卖方受益的解释，都会使客户决定和你们公司签订房源，而不再去寻找别的公司。广告也同样延伸到对买方的教育，买方很少会购买第一眼看到的房产，这点我们会在第 8 章“电话技巧”中讨论。教育买方意味着使他们决定什么样的房产是最适合他们特定需求的。

使卖方满意

卖方都盼望自己的房产在市场上得到专业的服务。通过广告向市场发布房源，是这些服务中最重要的形式，因为这是经纪人做出销售努力的切实证据——这是做广告的一个有效理由。

广告类型

广告有两种截然不同的类型。**机构广告**（institutional advertising）是用来推广公司整体的，图 7—1 显示了一个房地产公司是如何应用机构广告的。其他机构广告还包括主办一个免费的业主论坛，或者发起一个小型联盟团队。一些分类广告甚至主要用来强化公司形象和声誉：好广告的效果很难去测评，因此只有把它看做对公司改良的长期投资。

104

我们可以帮助您吗?

我房地产公司致力于为客户提供友好专业的服务。在17年的时间里，我们很荣幸能够为本镇居民提供房地产服务。现在就联系我们，我们一定会在电话中回答您的问题，“我们可以帮助您吗?”

V. WALKER
房地产经纪行 733—2852
或者通过邮件 VWALKER@FREDTX. com 联系我们

专业服务机构

在 Chris Pursch 房地产经纪行里，我们为我们的社区感到自豪。作为房地产领域的专业服务机构，我们有责任积极地参与到改善我们工作和生活处所的行动中去。我们希望和您分享我们的理念。如果您需要房地产专业服务，就请电话联系我们。

Chris Pursch 房地产经纪行
N. 埃雪街 218 号 344—3535
或者拨打免费电话 1—866—555—1951

图 7—1　用来推广公司整体的机构广告

另一种类型的广告被称为**产品广告**（product advertising），用来帮助销售某个特定的房源。在报纸或者商业期刊上的分类广告是最普遍的，但是任何一个广告都试图告知公众这个目录中的公司产品和服务。机敏的销售人员和经纪人能够快速意识到要聚焦**目标市场**（target market），即最有可能购买所提供产品和服务的人群。接近目标市场可以有效减少花费在错误人群上的费用。无论你是否有个人或者公司网站，或者是否投入电话销售，在房地产广告上的投入是令人难以确定的，因此要努力使每个广告都发挥应有的作用。这只是理解广告部分内容的开始。很明显，这种信息不同于基于已经使用媒体的内容，但是有一些通用的基础是可以考虑的。[1]

分类广告

105 在当地报纸上的分类广告是房地产公司最常用的广告形式。一个写得很好的广告是吸引潜在买方和卖方的有效销售工具。

一个广告编写者要知道分类广告由几部分构成，并且每个部分都有特定的目标要实现，它们是整体必要的组成部分。

标题要吸引读者

广告的第一部分是标题，标题的目的就是吸引注意力。不管其他部分写得有多好，如果没有人选择去读它，这样的广告也是白费力气。有效的标题要抓住读者的注意力并使其保持这一注意力。这点是很重要的：试想一个读者翻开报纸分类广告页，将会有200多个广告在竞争以引起读者的兴趣。你要知道，只有销售人员才会把所有的广告都读一遍。

主体要提供事实

广告主体部分要提供对读者有意义的信息，内容既不能太多也不能太少，应保持平衡。如果信息不充分，读者就可能转而阅读其他广告。如果信息太多，也许就没有必要给销售人员打电话了。根据老练的房地产广告编写者的经验，潜在买方往往都会关注房产的位置、价格和物理特征。

位置

一些公司成功的方式是不提供确切的地址，而是告诉大致的位置。如图 7—2 所示。“靠近琼郝尔街”就已经足以告诉读者关于位置的信息了。

紧邻大商场

房屋状况保持很好，有 3 间卧室，地处安静街道，靠近主商业区，付款灵活，非常方便。

由 Madison and Mckenna Cavazos 经纪行提供

SUNSET 大街 3624 号 293－6151

靠近 FRIO 镇

非常好的涉猎农场，在皮尔索（Pearsall）西部，1 462 英亩的水域，低于评估价出售，现在就打电话吧！

BECKY FOWLER&ASSOCIATES

733－2847

或者通过电子邮件 B. FOWLER&ASSOCIATES@BigfootRanches. com 联系

图 7—2　标题只描述大致位置的广告

一些房产业主不愿意将自己的地址印在广告上，这也许是出于安全考虑或者其他个人原因，因此在印地址前要询问卖方的意愿。

当然，有一个例外就是当你为公开求售房登广告时，需要描述地址和其他对找到房产有帮助的方向指示。

价格

另一个要考虑的因素是价格。如果没有价格，许多读者就会认定这个房产的价格很高。我个人的经历表明，把价格区间写上后，会有更多的人打电话来询问该房产。

在描述价格、预付款、利息率或者其他相关信息时，要确定是否遵守了 Z 规定所要求的原则。Z 规定是指诚实信贷法（Truth-in-Lending Act），它概述了揭示信用条款的特定指导原则。联邦贸易委员会（The Federal Trade Commission）
106 要求执行该原则，因此，持有房地产许可执照的公司在刊登年利率、预付款、月供款和偿还时间等信息时必须遵守这个原则。

物理特征

当在广告主体部分描述房产物理特征时，要谨慎处理的是应当包括多少细节才合适。你每增加一个功能特征，就增加了读者可能不需要这个特定功能因而不再考虑这个房源的风险。一个写得好的广告只描述1～2个房产特征。要知道房产的某个特征会吸引不同买方人群：死胡同里的低价房也许会吸引孩子很小的年轻夫妇和那些没有孩子同住并寻求安静的老年夫妇；不需要修缮的房产也许会吸引那些身体不方便做维修的人群和那些不喜欢室外工作的人群。

结语要带来行动

在房源广告的主体部分已经提供了充分的信息，结语部分应该使读者产生行动。潜在的购买者不仅要被广告吸引以便很有兴趣地阅读广告，而且要将其被动的兴趣转化为积极的行动，否则广告并没有达到其实际的目标。对产品广告而言，真
107 正的考验是：是否能带来实际效果，真正有效的广告会产生和买方的接触。

有效的广告技术

当你看自己公司和其他竞争对手的房地产广告时，试着去判断所有的工作放在一起是否能够形成有效的销售工具。根据以下内容来判断广告的有效性。

监控广告效果

好的房地产公司会通过**监控**（monitoring）来记录因为看到广告而打来的咨询电话，以此来判断广告的有效性。通过监控，一个组织就可以更准确地决定在合适的时间和地点投放广告费用。比如，只是周末在社区最大报纸上花钱刊登广告可能就是很不合算的，周末报纸也许更贵，但性价比并不高。成功的房地产广告人员告诉我，在邻近社区的报纸上一周发布一次广告取得的效果最好。一段时间后看一下接到的所有电话，你就可以改善广告的投放时间和有效性。

广告的位置

一个广告和其他广告在报纸上的位置关系是热烈争论的话题。觉得左上角位置好的人认为人们往往先从这里开始浏览。另一些市场专家反对将广告放在报纸页面的中间。一些老练的广告人认为其实位置相对于内容是次要的。一个写得好的广告会比一个写得差的广告获得更多咨询，而无论它的位置在哪里。

你自己来判断。选择3～4个满版都是房地产分类广告的报纸页面，在每页中挑选你认为最好的五个广告。比较广告位置，在大多数情况下，没有什么顺序可以表明哪个位置就比另一个好。但也有例外，比如公司要用大版面积来刊登大块广告（见图7—3），以及要在一个内容框里描述好几个房产。这种方式有时比仅仅发布一个房产的广告更能吸引人。

108 **198 000 美元**

整洁的 2 卧室分户公寓房，有游泳池和室内停车场，外部维护，还有更多优点。

200 000 美元

特别适合年轻家庭，靠近小学，有 3 个卧室和 1 个储物间。

220 000 美元

靠近市区，维护很好的老房子，在街角的林荫地处。

259 000 美元

大的定制房，有 4 间卧室，砖结构，高尚社区，房子维护很好，独立业主。

想了解这些房产的具体事宜请电话咨询我们的经纪人
MACKEY & ASSOCIATES 经纪行 349－4279

经纪人：Lovell H. Mackey 928－3703
电子邮件：LHM@SAK. net
Christi Mills 257－1311
电子邮件：ChristiM@Southgate. net
Jean Kutz 498－1585
电子邮件：Jkutz@Marion. com
Jon Kelly 281－5511
电子邮件：JKCOC@PST. net

图 7—3　用价格做标题的大块广告

简练的文字

使用适当的文字对于制作一个有效的广告很重要，虽然没有什么秘密文字语言可以保证接到大量的咨询电话，但基本原则是确定的。3～5 个字的短句要比长篇大论更有可读性，如果句子和段落太长读者就没有兴趣了。

然而，如果使用缩写就会走另一个极端。表 7—1 中的例子就把大多数读者弄糊涂了。销售人员明白这个广告是要表达这个房产有 3 个卧室、2 个卫生间、2 个车库和有壁炉的独立生活区，可是很重要的一点是，广告是写给买方看，而不是给销售人员。

109 **表 7—1　　用太多缩写的较差广告①**

写的内容	想表达的意思
FSBO 3BR 2Ba SLA w/FP DBL. GAR	3 Bedrooms 2 Baths Single Living Area with a Fireplace and a Double Car Garage
200 ACS. S. TEX. 70 mi. S. of S. A. G. htng. wi 1/2 min. No O or G leases now	200 Acres South Texas 70 miles south of San Antonio Good hunting. Buyer receives 1/2 of the mineral estate. The property has no current oil or gas leases on the property.

① 表 7—1 为了展现缩写给读者带来的困惑，此处不予翻译。——译者注

传递正确的形象

好的广告试图创建一个如描述那样的栩栩如生的房产形象。这个形象也许是正面的，也许是负面的。如果广告的标题是“减价”，这个词也许会让读者怀疑该房产有什么问题，否则为什么会减价。有时会看到一个广告的标题写着“业主搬家”或者“必须出售”，这些我们都称之为**困境广告**（distress advertising），因为它们让人产生这些房产有问题的印象。这些广告也许会带来电话咨询，但在这种情况下，咨询者都是在寻找便宜货，和那些按照市价销售的房产相比，他们更感兴趣卖方有什么弱点可利用。

在使用困境广告前，广告人应该判断咨询者是否是他（她）想要吸引的人群。图7—4是一个困境广告的例子。

110

减价

必须出售，条件好，操作灵活，请致电972—0101。

Betty Anderson 经纪行

业主急盼

因为搬家急需要卖房，本月底必须要卖，西北部的优质房，有3个卧室，请联系业主733—0089。

脱手出售

法院判决后出售，2.6英亩，带状商业区，在Massad和Pulliam的交叉口，低价销售，急于脱手。

L. G. Bailey 经纪行

342—4628

图7—4 吸引寻找便宜房产的电话咨询者的困境广告

反面广告

每个公司都会偶尔碰到不好卖的房源。房源经纪人、中介人和卖方也许都没有好的方法来有效推广这种房源。一个有效的方法就是运用反面广告，这个名词在任何一个广告手册中都找不到，但这个理念会转变为有效的策略。

在严格筛选房产的过程中，经纪人也许不会把那些有缺陷的房产放进去销售。比如，位置偏僻的房产，或者物理特征比较差以及那些需要大量修补的房产。不管什么样的缺陷，**反面广告**（reverse advertising）就是试图聚焦房产存在的问题，并从推广的目的出发将其转化为对特定目标客户有用的资产。比如，一个位置偏僻的房产也许会吸引寻找孤独和希望远离尘世的人；一个条件很差的房产也许正是那些喜欢并擅长改造的人的理想选择。图7—5列示了两个广告。从未来潜在业主的视角来看这些房源，经纪人能创造很多的广告机会。利用这种方式，一个有问题的房源也许会立刻产生市场反应。

实现重新改造的“梦想”
成熟社区老房子，需要修补，寻找喜欢“修缮”的买主
请致电 349—3131
M&M GRAF 经纪行
733—3136

需要工作
但你的努力是值得的。3 间小的卧室，1 个卫生间，靠近市区，一旦修好将很好出租。
SPLITROCK 经纪行
466－5515
或者访问我们的网站 www. splitrockrealty. net

图 7—5　需要修补房产的反面广告

广告编写的总原则

111 编写房地产公司的广告是要花时间的。有效的广告编写是一项挑战性的工作，需要把它当成一项重要的任务。对于大多数人而言，创造力不是自生的。下面这些建议可以让这项工作轻松一些。

为了开发有效的广告以产生收益，大多数编写者需要一些时间去安静地思考。如果工作繁忙，或者常被打断，则会导致不能令人满意或者无效的广告。编写者要习惯用大段有规律的时间来做广告。

“广告帮助”类的书籍可以提供一些成功广告的范例，其中的很多观点对于一些编写者是有帮助的。

几乎所有的成功房地产广告编写者都认为在尝试描述房产之前应亲自去看一下该房产。这样能够帮助他们对该房产有更好的认知，以及知道什么样的潜在购买者最有可能被吸引。

可以从多处获得帮助，以不断提高广告写作能力：

卖方会告诉你当他们买这个房产的时候是什么吸引了他们，他们还会告诉你他们在居住的过程中所了解的有关该房产的其他重要特征。根据这些信息，你可以形成一个关于该房产积极方面的描述。让卖方参与到广告写作中，可以让他们确信你在为出售房子做很多工作。如果卖方感觉自己是销售团队中的一员，他们通常就会变得很合作而不会有太多的挑剔。

办公室里的其他人也许是一个很好的资源。询问他们关于广告中应描述什么。一个成功的经纪人公司会举办广告写作竞赛，看看哪个经纪人能够给新的房源写出最好的广告。一些好的广告就在这种一周一次的竞赛活动中产生，促使很快实现销售。

潜在购买者查看新的房产也能提供有益帮助。一个潜在购买者曾经抱怨不喜欢这个房子有太大的餐厅，那就是一个信号：餐厅是这个房子不同一般的特征。

如果知道另一个买主把大餐厅作为好的方面，你就会在广告中额外描述这点，这个房子就会卖得很快。因为一个大的餐厅正好是这个新的买主所需要的。

你们公司所选报纸的分类广告部门职员也许有一些经验是可以和你分享的。要关注你的竞争对手所刊登的广告，他们是否采用了吸引你的特殊技巧或策略？如果是，你的风格也需要改变。许多广告编写者会订阅外地的 1～3 种报纸来观察其他地区是如何做广告的。

要知道一个当地社区大学或者继续教育项目所提供的广告课程也许是值得投资的，或者雇用专业的广告人士来改善你的广告。当被证明合适且性价比不错时，这些都是值得的。

广告对于大多数商业包括房地产营销来说都是一个大的花费。不管谁负责做广告或者谁负责花钱，每个人都会在整体改善的过程中得到收益。对公司整体计划中每个角色的更好理解将是一个好的开始，然后有规律地审视广告的目的和广
112 告中每个部分所要实现的目标，再去监控每个分类广告的市场反应。这将对你未来广告的开发和投放有较大帮助。

其他媒体

本章重点主要集中在报纸类的印刷媒体，但其他形式的广告也是可以利用的。比如电视就是一些大的独立公司和有特许权的群体使用的媒体。在如今这个视觉的年代里，你可以通过这种媒体获得很大的影响。然而，昂贵的价格和广告的简短（15～60 秒）是其不足之处。其他广告形式还包括广播、广告牌、直邮和杂志，每种方法都有其优点和不足。广告媒体在机构广告中的使用通常是有限的。

广播有大量的听众，但因为节目很多所以选择性较强。广播可以更准确地根据不同目标市场来设计广告。不足的方面是广播只能展示声音，没有视觉效果。此外，由于听众是不连续收听的，所以除非你能不断地投资广告，否则只能将信息传递到整体市场中一小部分人群中去。比如，喜欢乡村和西部音乐的人就很少会听到古典音乐电台的广告推广。

当人们在同样的路线上经过时，可以经常重复看到**户外广告**。但另一方面，一些城市不允许在他们境内放置广告标志，这是来自联邦政府要求在主要州际高速公路上不要放广告标志的压力。在车飞速驶过的短暂展示时间里，只能有限地使用几个词来宣传。安全驾驶和交通状况等都大量分散了观众或人们的注意力，弱化了户外广告的有效性。但不管怎样，户外广告比仅仅用长椅上的标志牌和公交汽车、地铁上的广告牌要强。

杂志广告有其独特的优势和不足。其优点是基于地理（本地出版物是很常见的）和人口特征具有很强的选择性，比如根据个人和专业兴趣、年龄群体和收入区间等因素很容易区分不同的杂志。然而杂志有一些不足之处，包括不断增长的

邮寄、作品和纸张费用。此外，杂志细分市场越来越细，所以有针对性的目标市场就很狭小，而且由于电视、电脑和广播等媒体吸引了公众更多的注意力，导致杂志的总体读者人群有下降的趋势。

网络营销如今替代了印刷媒体成为客户寻找房地产销售信息的主导资源。现在，客户可以轻松地在网上找到所需要区域的预售房产，可以浏览预售房产的虚拟现实场景（virtual tour）和照片集，通过电脑提前做了很多看房的工作。了解技术的房地产经纪人通过为消费者设置有很多选项的网站，获得了比传统房地产专业人士更多的业务领域。现在为经纪人及其公司设计的房地产网站价格是很合理的，网络营销对于所有经纪人都是开放使用的。网络
113 营销的好处和网站的轻松导航都使消费者能够一遍遍返回查看、搜索要出售的房产。免费提供业主信息和出售信息也是你的网站获得交易的基础。网站展示获得成功的关键就在于想尽一切办法推广你的网站地址。许多房地产经纪人认为需要把自己的网站链接在许多搜索引擎上，这样才可能有更高的点击率。比如，在 Google 和 Yahoo 等搜索引擎中置顶，你将通过网络获得某一社区房地产信息的更多发布权，但是确保你的社区居民知道你的网络地址也是很重要的。

总之，这些类型的媒体对机构广告是有益的，一些产品广告也可以有限地使用，但只有很少一部分合适特定的房产。然而，**直邮**这种形式可以在特定房产和整体公司推广之间实现好的结合。一些公司使用直邮作为它们整体广告计划中重要的组成部分。这种媒体的优点是不言而喻的，比如，你可以控制邮寄时间，可以通过地址联系特定的客户，可以很好地控制尺寸、颜色和间距等形式。当然，直邮也存在一定的局限性：当邮寄给大量客户时，很难保证邮寄清单的准确无误；此外，直邮也不能建立良好的沟通关系，接到邮件的人认为这不过就是个“海发邮件”而已，因此在建立较好、较忠诚的沟通关系方面会存在些困难。

判断哪种方法组合对你和你的公司最有效。因为广告费用很高，所以控制广告投放以产生高收益和高回报是很重要的。

小　结

114 知道客户、理解客户、与客户沟通是房地产销售和营销成功的关键。很多时候，销售人员在买方或卖方上门前真的没考虑他们。大多数情况下，错误会带来灾难性的失败，即使没失败，往往也很难找到方法去发布房源。好的营销准备——理解客户的需求、动机和渴望——对于获得更多房源发布和卖出更多房产来说是很重要的。

房地产市场推广最主要的部分是广告，广告强化了公司形象、在市场上发布了信息，并告知消费者公司能够提供的服务。

通常，有两种广告类型：机构广告用来推广公司形象；产品广告用来推广一个特定的商品或服务。

编写房地产广告时，销售人员应该用标题来吸引读者的注意力，用广告主体来向读者传递关于房产的信息，并用结语使读者产生行动。使广告更有效的技巧包括考虑页面的位置、能使所描述的信息产生视觉效果的简练文字以及把房产缺陷转化为好的方面来帮助销售的反面广告。

编写广告时可以从不同的资源处获得帮助，这些资源包括卖方、潜在买主、办公室的其他人、报纸分类广告部门职员、广告课程和广告专业人士。

其他媒体资源包括电视、广播、户外广告、杂志和直邮广告等，在使用这些媒体前要考虑每种媒体的优点和缺点。

复习题

1. 什么是沟通障碍？
2. 投放广告的主要原因有哪些？
3. 两种截然不同的广告类型是什么？
4. 广告有三个组成部分，每部分要实现的目标是什么？
5. 房地产广告读者最感兴趣的是什么？
6. 如何真实检验产品广告的有效性？
7. 根据老练的广告编写者的经验，广告的位置和内容哪个更重要？
8. 为什么监控所有因看到广告而来的咨询电话是明智的？

115 9. 要想实现有效阅读，广告的文字应如何处理？

10. 对于难以卖出的房产，应用什么样的反面广告策略呢？
11. 为什么在编写广告之前去看一下房产是很重要的？
12. 帮助你写好广告的五个资源是什么？
13. 除了分类广告以外，其他可用的媒体资源有哪些？

讨论题

1. 本章中没有提及的对有效沟通产生障碍的因素有哪些？
2. 房地产公司如何准确评价其广告计划的有效性？
3. 除了本章提及的，你认为房地产公司要做广告还有哪些原因？
4. 为房地产中介机构编写分类广告是谁的责任？
5. 你还能想到哪些本书没有提及的房地产行业中的可选择媒体？

情景题

有效的广告编写

你现在有个很好的房产作为房源发布，该房产位于你所在的成熟社区，但它不好的地方就是处于胡同里。这个房产维护得很好，装饰漂亮，有3个卧室、2个浴室、1个能放两辆车的车位、1个有遮盖的院子和1个篱笆。你的任务就是要给该房源编写一个有效的广告。你应如何把相关信息告知给潜在购买者？

只有一种方法？

苏珊·吉尔伯特（Susan Gilbert）是多年来你所在社区受人尊重的一个房地产经纪人。她在销售会议上曾多次提到，花钱给某个特定房产做广告的唯一选择就是用报纸宣传。真的只有这一种方法可以做广告吗？

116

行动指南

想要获得更多有关房地产专业人士通过网站来营销的信息，请访问网站 http://www.realtor.org/，并且搜索关键词“网络营销”，你就可以找到很多信息和文章，它们能帮助你认识到建立一个优秀房地产网站的必要性。

注释

[1] 广告不一定需要自己做，可以寻求专业帮助并且按照好的设计目标来实施。现在的广告技术非常好，但是它不能取代努力工作和高质量的专业服务。不要试图通过有奇效的广告来弥补自己很差的工作表现。

第 8 章

电话技巧

关键词

117 来电记录表（call-in sheet）
跷跷板技巧（see-saw techniques）
电话值机（floor duty）
转换表（switch sheet）
开放式问题（open-ended questions）
电话形象（telephone image）

客户接触

在房源发布后，把该房产告知大众就变得很重要了。通常与重要客户进行接触的第一个方式是电话沟通。当然我们现在无法限制使用其他各类沟通工具，比如网站、电子邮件和所有其他创新的方法，然而最传统的电话接触依然是我们职业中最重要的沟通方式。

打电话是成功房地产经纪人的有效销售工具，因为它可以使他们和很多需要交流的人进行接触。不确定意向客户、目标客户、满意客户、其他经纪人、租房者、律师、产权公司、其他个人与公司都是你准备接触的。正确使用电话沟通的方式会节省大量的时间。

但不幸的是，电话也会给经纪人带来麻烦。潜在的风险就是花了很多的时间用在收发不准确信息、错号、忙音和占线上。还有一个固有的危险就是在开车和做别的事情时使用各种类型的手机。

本章将介绍一些基本的电话技巧。这些技巧只是一些观点和建议，而不是不变的和必须遵循的法则。周围所处环境、个人特殊方法和来电客户类型都会影响到你选择的打电话方式。本章内容分为三个方面：接电话、打电话和一般电话技巧。

接听打进来的电话

118 **电话值机**（floor duty）、电话值班、电话在班以及其他许多词语都是用来定义经纪人处理来电的时间。一些有效处理电话值机的建议如下。

为接听电话提前做好准备

没有什么可以比销售人员在交流（面谈或电话交流）时对产品和服务一无所知更失败的了。当来电客户听到这样的回答："我要查一下"或者"让我找一下"等，他们会察觉到这个销售人员没有做好准备，对情况不太了解。高效率的销售人员往往在电话铃响起时就会把关键信息放在自己面前。

什么样的信息是经纪人应该放在手边的呢？最主要的是有关房产的特定细节的信息。一旦该房产以房源形式进入市场，有关房产公布的一手资料和所有公司新的房源都应该提前查看。

掌握所有公司刊登的广告也是必要的。如果你不能有效介绍你们公司房源目录中的房产，则会损害经纪人、经纪公司和房地产专业人士的形象。你也需要准备列出可以和某一房产进行比较的其他房产。一个老的但有效的方法就是利用**转换表**（switch sheet），如表 8—1 所示。当某个房产不能满足来电客户需求时，这个列表可以使经纪人继续和他（或她）讨论其他相关的房产。大多数经纪人的经验都是提供另一个房产，当某个房产似乎无法满足来电客户的需求时，有其他备选的房产会突显你的优势。

另一个需要准备的是要有笔和纸用于记录从来电客户处获得的信息。许多公司都会使用一种**来电记录表**（call-in sheet），用于帮助提醒销售人员有哪些信息是应该从来电客户那里获得的。表 8—2 是来电记录表的一个范例。

表 8—1　　转换表

ABC 经纪行			
报纸	**标题**	**地址**	**备选房产**
《视野》	非常舒适	斯托姆大街 507 号	圣帕托 1300 号
《流行》	大面积生活区	萨瑞地区 1500 号	博比帝街 1950 号
《全球》	阳光充沛	2 号街 82 号信箱	无
《快递》	乡村宫殿	图罗生活圈 6391 号	杰肯尼斯地区 1998 号
《星期天》			
《新》	令人喜欢	依莱克区 1502 号	艾区 218 号

119 **表 8—2**　　ABC 经纪行来电记录表

注意：展现良好形象，获得客户约见！
日期：________________　时间：________________
姓名：________________　电话号码：________________
看广告后来电咨询？________________　看广告牌来电咨询？________________
什么报纸？________________　什么广告？________________
____
____
____
____
价格区间：________________
要买房：________________　要租房：________________
约见的日期和时间：________________
其他信息：________________
____
跟踪状况：________________
经纪人：________________

注意电话形象

在电话中，你应该非常有知识、有激情、有趣味、很愿意帮忙——或者简洁、专业。为了达到这样的状态，当你交谈时，你也许会问自己：“我会
120 给来电客户展现什么样的形象？”不要让这个问题麻痹了自己，而是要让它激励你不断进步。你的经纪人或者销售经理偶尔会监控和评价你接听的电话。和你的同事们一起实践。一些公司会对电话进行录音并且对其进行分析以作为电话销售培训的一部分。各类方法的最终目的就是要提升经纪人所展现的形象。

下面是有关积极**电话形象**（telephone image）的具体建议：

接听要迅速

接听电话要迅速，不要担心这样会显得太热切。不要冒电话被挂断的风险。一些经纪人认为如果目标客户挂电话太快，他们肯定不是一个好的目标客户。但是只有在你和他们交流后再做出这个决定才更合理，而不应通过电话响铃持续时间来判断客户的真诚。

介绍公司名称并询问需要什么帮助

接听电话后简短地说：“这里是 ABC 经纪行，您需要什么帮助吗？”这样建议的原因是：首先，介绍公司名称可以立刻告诉来电咨询者他们打给的是哪个公司。如果来电咨询者拨错了号码，应该尽可能早地使他（或她）注意到自己犯的错误。

询问需要什么帮助有两个目的：第一，销售人员听起来应该十分热切地愿意提供帮助而不是好像被打扰了。展示出乐于助人的态度可以实现这一点。另一个目的是，通过立刻询问问题以控制交流的方向。你也许会在后面的对话中失去控

制，但你可以通过询问第一个问题增加保持控制的机会。

121 **介绍你自己的姓名并获得来电咨询者的姓名**

一些销售人员在交流初始就说出自己的姓名，但如果将其作为交流中一个独立阶段会更有效。当你在开始阶段就介绍自我，经常会起不到作用。来电咨询者有一些事要说或者有一些问题要问，在这个时刻首先应关注如何实现交流。开场白应尽量简短并且不要立刻透露你的姓名。虽然一些人不同意这个方式，但最好的建议是应该选择对你最佳的时机来介绍自己。

如果来电咨询者在介绍中提供了自己的姓名，那你就应该礼貌地告诉他（或她）你的姓名，这时你的姓名也许会被记住。但许多时候来电咨询者不会介绍自己的姓名。一个可以考虑的技巧是，当来电咨询者不主动提供自己姓名时，你就等待他询问一些事情（通常是你所提供的服务内容）。对该询问给以真诚和积极的反应，“我非常乐意给您提供这方面的信息”，并且在接下来的交流中都采用一种热情友好的语气。来电咨询者会对这种合作方式感觉很愉悦。在经过最初的交流后，你先介绍自己的姓名然后询问目标客户的姓名。一个合适的方式是这样的：“顺便说一下，我的姓名叫安迪·安捷特，我可以知道您的姓名吗？”你在询问之前先自报家门，这样就可以很自然地询问对方。

轻松和来电咨询者交流

各类有关打电话技巧的书籍和文章都建议你要友善地和来电咨询者进行交流，这是一个好的建议。许多新的经纪人（包括一些有经验的经纪人）与来电咨询者交流时会很紧张。当电话打进来时他们立刻像变了个人似的。来电咨询者会对销售人员产生一种强压力，并且他们还会对你的表现方式很敏感。为什么不能和来电咨询者进行热情愉悦的交流呢？经纪人应该不要有那种防范意识。要记住，第一印象是很重要的，你的目标是要进行交流，而不是进行审问。

训练、速度和音量

有经验的成功经纪人会认识到电话中的训练是很重要的。先前的建议说的是要注意训练以表现出很放松的语气，同样，交谈中的速度和音量也是必须要注意训练的。我们都愿意和文静儒雅的人进行交流，这样可以更好地把信息传递到接听者那里。我们偶尔也希望不要让那些大嗓门的交谈者损坏我们的耳膜。还有一些唠唠叨叨的人说话非常快，我们无法跟上他的节奏，以至于我们希望尽快结束这种交谈。这些问题会使和我们交流的人不舒服，就如同我们自己不喜欢别人以这种方式来交流一样。事先就要预料到来电咨询者的各种可能状况，耐心地去处理这些问题，不要让他们的方式影响你在电话中的有效沟通。

使用跷跷板技巧

像小孩子玩跷跷板一样，你要知道平衡的重要性。如果游戏双方不能相互配合，这个游戏就不能继续下去。平衡在有效电话销售中也是一样重要的。要注意
122 不要成为发布信息的摊铺，如果你只是一味地回答来电咨询者的问题，这个交流就不平衡了。相反，如果全是你在问问题，交流也不可能十分愉快和积极，你很有可能会失去获得该来电咨询者业务的机会。

“这个房产的价格是多少?”这是来电咨询者通常会问的问题。你如何回答?如果你什么也没有说出来，那会发生什么情况呢?来电咨询者要么说谢谢你然后挂掉电话，要么就会问另一个问题。显然他们问另一个问题要比挂掉电话好，但是每次他们问问题时，你都冒着你的回答可能不是他们想要的内容的风险。如果你答非所问，没有给出他们答案，反而会让他们感觉自己被操控了。

应该考虑将两者结合起来或者使用**跷跷板技巧**（see-saw technique），努力让来电咨询者和经纪人之间实现平衡，双方都能发出和接收信息。经纪人回答来电咨询者的问题，然后立即反问一个问题。比如，“这个房间有四个卧室，那您需要几个卧室呢?”这就是在正确使用跷跷板电话沟通技巧。这种技巧也许因为你的风格和来电咨询者的特点而有所变化，但关键在于要实现二者之间的平衡，双方在发出和接收信息方面是公平交换的。

提出问题

运用跷跷板技巧，你必须要提问题。一些来电咨询者自愿提供需要的信息，但如同前面所讨论的，提问题的人往往控制电话交流过程。在第 9 章“客户资格确认过程”中，你要学习确定客户需求的方法。如果你希望帮助来电咨询者，你问的问题是很重要的。一个能有效解释的电话是要指出问题的原因并且获得来电咨询者的允许以便向他提出问题。对你所提问题的回答应该能够传递所有可能关于来电咨询者需求的信息，且这种回答应该是一些解释性的语言，而不仅仅是“是”或“不是”。那些**开放式问题**（open-ended questions）使你能够听到来电咨询者的需求。比如开放式问题可以这样问：“你所需要的新农场有哪些必要的条件?”或者“你认为你们家最想要的是城镇的哪个区域?”这些问题很难给出简短和晦涩的回答，这样你就可以了解更多有关来电咨询者的需求。要知道，他们说了什么（或者没说什么）以及如何说是同样重要的。

注意你的语言

你经常被请求在电话中描述房产。要注意你选择的语言：语句含义并不在于我们使用了什么词语，而在于别人如何去理解它。我们也许会告诉来电咨询者某个房子有“很好的大院子”。对于那些住在大城市综合性高楼大厦中的人，只要是院子他都觉得很大了；而对于那些住在乡村远离主干道而后又搬到城市里的人，没有什么院子是大到足以阻挡那些交通噪声的。

要谨慎描述房产的样子。诸如“很好”、“大”或者“不错”等词语不同的人会有不同的理解，对这些词的定义要依赖于和你交流的每个人的特征。根据你个
123 人对房产优点的理解来告诉来电咨询者，经常会出问题。在你没有了解来电咨询者的需求之前不要对他们评价房产。

不要争论

有时经纪人会和来电咨询者发生激烈的争论，虽然他可能赢得了争论但也失去了销售机会。老练地、耐心地对待一些来电咨询者是很困难的。当一个来电咨询者想知道一个房产的价格或地址，而你又没有权限给他，这时你必须遵守公司的制度要求。当你觉得条件合适（在大多数公司）但是你又无法确认时，在判断

你是否有权告诉这样的信息之前，你要考虑一下你对卖方承担的受托责任是否允许你这样做。

减少持机等候时间

在一些情况下，你需要让来电咨询者在电话中持机等候。此时，你可以试想，把一个人“挂”在那儿太久，他一定“死掉”了。对于来电是同样的道理，要尽可能减少这种对销售过程的危害。如果持机等候时间太长，要告诉来电咨询者他还需要等候多少时间。多长时间对于来电咨询者是太长这点没有定论。你需要在他们生气之前给他回复，这个时间段因人而异。一定要记住：减少持机等候的时间。

如果需要花时间去收集信息，就尽快主动告知。然后主动打回去或者请来电咨询者过一会儿再打过来。这不是最好的状态，但总比让别人拿着电话在那儿忍受等候之苦要好得多。

要热情

每个销售人员在接听来电时都会有一些不愉快的经历。来电咨询者的粗鲁，经纪人自己没有准备好，或者其他种种原因，都会导致电话很糟糕从而失去目标客户。当你用自己的电话形象开展工作时，要知道电话作为一种销售工具其成功是有百分率的。在此类销售中（同其他所有销售一样），如果你不失去一些，你就不能得到足够的锻炼。关键在于不要气馁，提前预想每个电话可能发生的问题。以最大的热情去处理客户来电，会增加你成功的机会。

回顾上面这些要点，做出如表 8—3 所示的项目清单作为平时工作的提醒。按照这些做法处理来电是非常有效的。

表 8—3　　接听电话的项目清单

124

1. 在手边准备好：最新的广告单和电话清单，并事先浏览。
2. 用积极的问候语言迅速接听。
3. 介绍公司名称并询问需要什么帮助。
4. 要注意保持专业形象。
5. 请来电咨询者告知姓名：顺便说一下，我的名字叫……可以知道你的姓名吗？
6. 放松！注意你声音的速度和音量。
7. 运用跷跷板技巧。
8. 询问来电咨询者的电话号码。
9. 询问来电咨询者是否有电子邮件。
10. 在交谈结束时预约见面。

将这个清单放在办公室电话机旁边，以便快速提醒自己。即使仅在便条上记录一些关键词，也会帮助你理清思路并且提高你的工作效果。

拨打电话

当你拨打电话时，你的电话技巧会和接听电话有所不同。下面将介绍有关拨打电话的策略方法。请看表8—4中所列有效拨打电话的技巧。

表8—4　　拨打电话的清单

1. 提前计划好要拨打的电话，首先收集需要的资料。
2. 介绍自己的姓名和公司名称；确认对方有时间交流："您现在有时间和我谈谈吗？如果没有，我会在一个合适的时间给您打回去。"
3. 表达打电话的目的，避免偏题。
4. 减少持机等候的时间。
5. 建立一个回电时间表。
6. 要遵守"全美不接受电话推销名单法案"有关条款和公司相关制度的规定。

提前计划好要拨打的电话

如果你给合适的客户拨电话，但没有做好交流的准备，这将会破坏你打电话
125 的目的。要准备好拨打电话时所需要的信息。在拨打电话之前先用几分钟时间查看一下要讨论的内容。准备工作还包括确认你的手机是否有充足的信号。在许多大的社区、乡村外地域和小社区周围，会有一些手机无法工作的"盲区"。我在每天都要走的路上驾驶并且准备拨打电话时，手机信号一定不错，电话交流就不会有问题。

行动指南

许多公司提供在网上安排和跟踪看房的新服务。访问 http://www.showingsolution.com 了解房地产公司安排看房要做哪些工作，以及在安排约见后如何跟踪看房经纪人，并且最终向所有相关参与者通报看房结果。

告知你的姓名并且找准时间来交谈

前面所介绍的内容告诉你当目标客户打电话来咨询时你不要立刻告诉他们你的姓名。然而，当你拨打电话时，你首先应立刻告诉对方你的姓名和公司名称。"我是琼斯经纪行的约翰·史密斯。"这样的表达可以告诉接听者他们在和谁交谈，以及让他们知道这个来电的性质。

找准时间来交谈是很多经纪人都感觉很困难的事情。你经常会在错误的时间拨打电话，这样不管你的消息有多好，你的技巧有多有效，但你选择的时间是错误的。问一个诸如"您有时间交谈一下吗？"这样的问题，会增加让你表达信息的可能性。如果对方说他现在真的没有时间，你就询问是否可以过会儿再打。请不要在错误的时间表达你要说的内容。这个小建议还能够帮助你建立交流气氛。

表达打电话的目的

你是否曾经给别人打电话，到结束交流挂断电话时，你才发现你还没有表达

你打电话的主要目的？如果没有遭到十分粗鲁的对待或者被打断通话，你就应该尽可能早地表达你打电话的目的。这样可以减少你偏离打电话真正目的的可能性，还可以帮助你确认对方是否是你要交流的对象。

126 **不要在持机等候上浪费时间**

无论是拨打电话还是接听电话，在持机等候上过多地花时间会削弱你的通话效果和时间管理。当你被要求持机等候时，你应该询问自己是否可以再打过去或者留下信息，两者中任一选择都比持机等候要强。

制定一个回电时间表

当你拨打电话却没有找到你要找的人时，留下你的姓名和号码，并制定一个回电时间表。当对方有很多电话需要回时，这样做可以增加他先回你电话的机会。这个方式也表明你不要无所事事地等待电话，应改善你的时间管理。

一般性电话技巧

下面的相关建议并没有什么特别，但从总体上来看，这些建议的适用性是很重要的。

保持和办公室的联系

成功经纪人不会在等待电话上花过量的时间，但是出外勤活动的销售人员要和办公室保持联系以接收打入电话的相关信息。不断查询是否有打给你的咨询电话。笔记本和手机都是有用的东西，但是责任在于经纪人自身，而不是看他（或她）的装备。

行动指南

许多成功的房地产经纪人运用“滴水式营销战”（drip marketing campaign）[①]，即通过当地的MLS建立信息搜索系统。这个系统可以让你确认买方所需房产的特征，然后通过MLS系统监控任何出现的有可能与该特征相匹配的新房源，这个匹配信息会直接发给客户和房地产经纪人。通过这种程序的运用，你可以每隔一段时间就有规律地给你的客户和消费者发送电子邮件。

127 **认真处理信息**

一个经纪人经常会得到另一个经纪人所要的信息，因此他在向其他人传递信

---

① drip marketing是营销的一种策略。“drip”是“滴水”，而“drip marking”取材自“drip irrigation，即“滴水灌溉”的概念，是“慢慢而不断地把信息分批传送给客户群”的一种策略。——译者注

息时一定要非常准确。他（或她）应该将信息写下来交给同事，并看见他确实得到了该信息。而需要信息的经纪人应该保持和办公室的联系，以确认是否可以立刻得到这个信息，但是处理该信息的人一定要尽所有努力获得确切的信息。信息得到者没有责任决定什么是重要的信息和什么是不相关的信息，但是他有责任记录下准确的信息。如果你对你的同事不关心，不能很好地帮别人记录信息，那你的同事在处理你的信息时也会用同样的方式对待你。

回电话

你有可能在下班时发现还有许多电话需要回。你多么希望能够在明天上班前把它们全忘掉或忘掉一部分。一个好的替代方法就是放松几分钟，然后在短暂的放松后开始处理这些电话。无论你是否能拨打通每个来电咨询者的电话，但至少你在努力去做。如果你重视来电咨询者或者感觉你应该重视他们，就请你完成你的职责去努力与他们联系。这是基本的电话礼貌，毕竟，难道你不希望从那些让你回电话的人那里得到同样的礼貌吗？

不要占线

房地产公司的办公室是一个商务场所，保持电话通畅是很重要的。礼貌地提醒你的经纪人或者业主不要进行冗长而无要点的交谈。至少要在任何时间都能保持有一条电话线能够打进办公室。你的个人电话要简短，如果有必要对买方或者卖方进行长时间的解释，那应该考虑采取面对面交流的方式以增强沟通的有效性。

全美不接受电话推销名单法案

如果不提“全美不接受电话推销名单法案”，就无法展示全部电话技巧。国会决定消费者可以控制未被请求的电话推销。现在合法而有效的方式就是给电话推销者和其他将电话用于推广目的的人员一个“不准打入电话”的信号。如果不了解有关细节，房地产公司和其他几乎所有的行业一样，都需要熟悉这个法律。可以通过浏览 http://www.donotcall.gov/来了解相关内容。将电话作为开发目标客户工具的公司也许还要浏览一下 http://www.telemarketing.donotcall.gov/来查阅相关规定和规则。明智的公司会制定与该法律相关的制度，同时让组
128 织中的销售人员都接受相关培训并在操作过程中遵守执行。无论你个人对此有何意见，但一定要记住这是全国性的法律规定，销售人员要遵守法律。不能做到这点不仅意味着潜在的代价，而且从长远角度来看还会损害你和公司的声誉。

实践，实践，还是实践

运用电话作为销售工具其众多挑战之一就是没有两个电话是一样的。你需要不断努力提高你的电话技能来增加你的销售。要想理解这个有价值方法的所有内

容是需要实践和训练的。不断寻找确定性的支持和帮助，你就能不断提高。根据你的个人类型和周围环境采纳本章中所提出的建议，你就会更加有效地提高电话技巧。

小　结

如果能够正确操作，对于成功的房地产销售人员而言，电话可以成为一个有效的工具。

电话值机和接听打入电话的销售人员应该提前做好接听电话的准备，注意自己的电话形象，迅速应答接听，介绍公司名称，询问需要什么帮助，介绍自己的姓名，并获得来电咨询者的姓名。而且，销售人员应该轻松与来电咨询者交流，训练说话的速度和音量，用所谓的跷跷板方法来发送和接收信息，询问来电者要咨询的问题，注意所使用的语言，避免与来电咨询者争论，减少持机等候的时间，并且保持热情。

在拨打电话时，销售人员应提前计划好要拨打的电话，介绍自己的姓名，表达拨打电话的目的，减少持机等候的时间，并且如果对方当时不方便接听电话，那就给他一个回电的时间表。

其他电话技巧还包括要和办公室保持联系，了解打入电话的情况，认真处理信息，即刻回电，并且任何时刻都要保持电话线畅通。

复习题

129 1. 本章介绍的使接听电话更有效的建议有哪些？
2. 电话值机的经纪人放在手边的信息包括哪些？
3. 什么样的方法决定你给来电咨询者造成各种不同类型的形象？
4. 当电话铃响后多长时间要接听？为什么？
5. 当接听应答时为什么介绍你公司的名称是明智的？
6. 在你介绍公司名称后为什么要询问对方需要什么帮助？
7. 你应该在接听电话时立刻介绍自己的姓名吗？为什么？
8. 如果来电咨询者没有介绍自己，你有什么好的方法知道他的姓名？
9. 为什么热情愉悦的语气非常重要？
10. 什么是跷跷板技巧？
11. 使用跷跷板技巧有什么好处？
12. 一个能有效解释的电话是指什么？
13. 为什么经纪人需要特别注意所用的语言？
14. 为什么和来电咨询者争论是很糟糕的？

130 15. 让来电咨询者持机等候有什么风险？

16. 有效拨打电话有哪五个指导原则？

17. 为什么做好拨打电话的准备是重要的？

18. 为什么选择合适的时间打电话是重要的？

19. 为什么表达拨打电话的目的是有效的？

20. 使用回电时间表的两个原因是什么？

21. 什么是提高电话技巧的最好方法？

22. 请解释为什么滴水式营销软件程序对于房地产专业人士很有用。

讨论题

1. 作为一个来电咨询者，你遇到过什么样的差劲电话技巧？

2. 销售人员应该如何对待一个有需求但气势压人的来电咨询者？

3. 解释在你的公司中帮助其他经纪人较好地获得信息的重要性。

4. 你所在社区有关驾车打手机有什么样的规定？你同不同意这样的规定？

情景题

如何处理这个电话

经纪人：您好。

来电者：是瓦斯特经纪行吗？

经纪人：对，是这里。

来电者：我想咨询一下你们要出售的一个房产。

经纪人：好的。

来电者：我想知道罗欧克街418号那个房子有多少卧室啊？

经纪人：有两个

来电者：谢谢，再见。

你会如何处理这种情况呢？

131

在办公室里被缠住

场景：在一个寒冷干燥的星期日下午，只有你一个人在电话值机。

经纪人：这里是ABC经纪行，我可以帮助您什么吗？

来电者：今天你们广告中标题是“乡村居住”的那个房子在哪里？

经纪人：先生，在城外南边开车15分钟能到。你熟悉那里吗？

来电者：不是很熟悉，但那真是我所需要的。给我那里的地址吧，如果我驾车从那儿经过，看上它的话我再和你联系。

这时你该如何做？

第 9 章

客户资格确认过程

关键词

133 有能力支付的数额（afford amount）
具备资格的数额（qualify amount）
购买动机（buying motives）
客户资格确认（qualifying）
解释和征询法（explain-and-request method）

什么是客户资格确认？

在本章中，我们要讨论客户资格确认是如何适应销售过程的，主要回答下面四个问题：

- 什么是客户资格确认？
- 为什么要进行客户资格确认？
- 什么时候进行客户资格确认？
- 如何开展客户资格确认？

从整个销售过程来看，我们认为进行客户资格确认后销售人员才可能有目标客户。在客户资格确认前，那只能算是不确定意向客户。**客户资格确认**（qualifying）是指确定一个客户的房地产需求以便满足这些需求。其中的关键词是确定需求。销售人员必须筛选所有不确定意向客户并且集中于真实的需求。销售人员还需要有能力满足这些真实需求，他们要和这些他们为其服务的客户成功建立良好的关系。从基础工作开始，销售人员应该为这些他们要为其服务的客户设置优先权。如果一个人来找经纪人并对一个房产提出了142个需求，那经纪人的第一反应也许就是这个人是强有力的竞争者派来打探的！有很多类型的客户是经纪人用来干扰竞争对手，浪费竞争对手时间的。汽车后方保险杆上的贴纸写着调皮话“我需要它的全部”，这种观点只适合一些人，但大多数人还是“集中”在我们生活中的一个或稍多一些的领域，包括我们对房地产的期望也是一样的。

从心理学的观点来看，一个销售人员接触不确定意向客户并尽快建立优先权是明智的，许多人想要的比他们实际能支付的要多。

134 经纪人开始了解不确定意向客户的需求，并在其基础上添加一些需要，比直接排除那些买方已看中但又无法支付的额外需求要强得多。请记住，开始要简单然后再添加功能，而不要开始很悬乎往后却删减功能。考虑帮助不确定意向客户着手于满足他们的基本需求，这也许对于经纪人而言是需要花一些时间和做一些努力的，但这种方式是很有效果的。记住这样的格言：如果客户资格确认做得好，就可以实现带客户看房次数最少而实际卖出去的房子最多。绝不要低估客户资格确认的价值。

经纪人为什么要进行客户资格确认?

这里有四个原因说明销售人员为什么要确认潜在的买方，详细描述如下：

节省时间

第一个原因就是确认买方可以节省每个人的时间。确认客户可以节省经纪人用于带不合适的潜在购买者去看房的时间和费用。没有经验的经纪人有时会怀疑坐下来了解不确定意向客户的价值；他们更愿意立刻就开始“销售”。通常应该做的是花一些时间去拜访客户，给彼此更多放松并且相互了解的机会。一定要记住：成功不是带客户去看更多的房，而是能够准确地看房。

确认客户同时还节省了不确定意向客户的时间。如果没有满足潜在买方需求的话，就没有必要去看房。太多的选择只能扰乱买方，尤其是那些经济上无法负担的房产。要记住当你看房看得太多，确认客户就不仅仅是费用方面的问题了。

确认客户同样节省了卖方的时间。要知道，卖方同意让你、你的公司或者合作公司将他们的房产列为出售房源，是因为他们得到你的承诺，即任何带来看房的人都是首先经过确认的。经纪人会做出首先对有可能成为买方的客户进行确认的承诺，在这里体现的是受托方的重要责任。将客户的房产发布给没有经过确认是否有购买需求的人将损害这种责任，因此应该关注将房产委托给我们的客户的利益。

确认客户还节省了许多其他房地产交易参与者的时间。假设一个经纪人没有经过确认就带一对夫妇去看房，他们确实喜欢这个房子并决定买它。经纪人就起草了协议，并且买卖双方签了协议。这太令人恐怖了！当贷款申请程序显示这个买方没有能力支付这样的抵押贷款时，这个经纪人将如何应对？这时，所有和房地产相关的重要参与者，比如产权公司、贷款者、房产勘察部门等的时间都被浪费了。这个例子中还没有涉及所有最终的参与者，但这种情况一定无法建立起经纪人积极的专业形象。

客户关系

135 确认客户还可以为经纪人保留买方客户。这对夫妇确实想要购买该房产但没有能力负担。他们没有足够的钱支付定金，虽然这不是经纪人的过错，但是不高兴的买方经常会把自己没有得到理想房产的责任全部或者部分归咎于他们的经纪人。这种责备的转移也许不是很合理，但其结果是一样的：客户不再“接受你”了。

卖方也非常失望，因为他们不得不一遍遍重新再来。任何一次销售失败，都会影响并破坏经纪人和客户之间的关系。必要的信任和信心是需要通过一些事情来重建的，但是如果销售人员没有做好工作以确认目标客户，这种和买卖双方重新回到正确轨道上建立良好关系的机会就会减小。

买方和房产的匹配

你需要进行客户资格确认的第三个原因是为了让买方和房产实现匹配。没有经过完全的客户资格确认，销售人员将很难决定什么样的房产适合去看。当不确定意向客户告知他们正在找一个有3间卧室、2个浴室、1个两车位车库、位于城镇不错位置的房子时，那到底有多少房产与这个描述相配呢？也许有100个。面对这样的粗略信息立刻开展工作你可能感觉很糟糕。对不确定意向者进行确认，以便于你能够很好地告诉他们什么房子可以去看。本章后面的内容会讨论一些需要调研的特定领域。从长远角度看，经过良好确认的目标客户将更好打交道，因为在后面带他们去看房时你在感觉上会有一定的方向和标准。当客户告诉我“他们看到房子时才知道他们到底要找什么样的房”时，那我肯定不会有好运气。有效的客户资格确认至少可以帮我们知道什么样的房是不用去看的。

增强信心

客户资格确认的第四个原因是建立每个人的信心。如果经纪人坐下来和那些不确定意向客户交流并且去了解他们，每个人都会感觉更有信心。经纪人拥有一些不确定意向客户所需要的可靠信息，这将增加经纪人去帮助他们的机会，而且会增强经纪人的信心水平。这些不确定意向客户会看到他们的经纪人在真诚地关心自己，并且很专业地在计划为他们服务。当这些呈现给他们后，他们会感觉很放松，并且对他们的经纪人及其能够帮他们找到所需房子的能力有更多的信任和信心。此时，不确定意向客户就会变成真正的目标客户，成为一个你可以为之服务并且需要你帮助的人。这是所有经纪人真正希望的！

经纪人什么时候进行客户资格确认?

客户资格确认是销售过程中的重要组成部分，对于一些销售人员而言也是一个艰难的任务。经纪人会使用很多进行客户资格确认的方法和技术，但是他们不
136 确定什么时候进行客户资格确认。成功的销售人员只要有可能就开始客户资格确认。他们在第一次客户接触过程中就需要收集基础信息以便能够立刻开始帮助客户。那什么时候结束客户资格确认呢？是在签完协议吗？还是在完成交易时？只要你在从事房地产业务并且你的买方和卖方还在你的市场区域中，你就不要停止客户资格确认。销售过程的定义以及跟踪和咨询阶段的运用在第 1 章中已经介绍了。

经纪人如何进行客户资格确认?

在客户资格确认中有哪种方法比其他方法更有效呢？也许没有。在销售过程的所有内容中，销售人员都应该以一种让自己和买卖双方都舒适的方式开展工作。

避免羞辱不确定意向客户

这是一种绝不要使用的客户资格确认方法。一个新的房地产经纪人接到一个因看了广告而来咨询的电话，询问高尚社区的高档公寓。在询问和回答了一些问题后，这个经纪人约来电咨询者见面以更好地讨论有关房产。他们安排在公司办公室见面。到了约见的时间，一对穿着不错的中年夫妇来到办公室并介绍自己就是那个来电咨询者。这个年轻的经纪人看了一下房源中被重点标示的房产，并且非常紧张地请销售主管作陪以评价自己客户资格确认的方法是否适当。很快，他的主管就看出，钱并不是这对夫妇决定是否购买的要素。但这个年轻的经纪人没有经验，当他非常唐突地问这对夫妇“你们有足够的钱购买这个地区的房产吗?”时，几乎把整个交易毁掉了，他的主管只能疯狂地努力去挽留这个客户。钱是客户资格确认的要素之一但不是唯一的要素，也许不是首先要提出的问题。请记住，我们有三个不同的买方，他们可能有着相同的经济状况，但是他们寻找的是三种完全不同的房产类型。这些完全可能的，因为满足他们需求的往往是非经济特性。

解释和征询法

在客户资格确认中一种很好的基本技术就是**解释和征询法**（explain-and-request method）。有时也被称为说明和征询法。本章前面提到，大多数有经验的

销售人员喜欢坐下来去了解他们所要服务的客户。这个熟悉的过程可以让你了解客户的个性，也让他们有机会了解你的有关信息。要记住，所有销售人员在销售任何东西前首先是销售自己。在你放松下来并且和客户有一定交流后，运用解释和征询法，向客户解释你需要问一些用于客户资格确认的问题并且征询客户的同意。如果你能提前解释你问这些问题的原因，他们将不会拒绝回答这些问题。

137 举个例子："琼斯先生，琼斯女士，为了使我能更好地为您的家庭服务，我需要从你们那儿了解一些信息。"

解释和征询法的第二个部分也是非常重要的。在解释阶段，你要说明问这些用于客户资格确认的问题是必需的。在征询阶段，你要请求客户允许问这些问题。琼斯夫妇也许能理解问这些问题对于你很重要，但是他们也许不准备回答你的问题。在你开始服务前先得到不确定意向客户的许可，这才可能是好的业务。如果他们存在一些怀疑或者犹豫时，你一定要弄清楚，以免在问这些关于个人的问题但又是必须要问的问题时遇到困难。

也许是他们还不完全了解你，如果你感觉是这种原因，那就保持放松状态，再多问些一般性的问题。也许是他们还不确定你为什么要问这些问题，如果你感觉如此，那就回到解释阶段再说明一遍。你用什么词语不像你如何去做那样重要，你所要记住的就是解释，然后去征询得到客户的同意。

如果在问一些问题时你感觉不舒服，那你坦承你的不舒服也许是很合适的。一些人的成长经历让他们意识到问别人有关他们在业务中成功或失败以及其他个人问题是不礼貌的。这种情况将延续到你在房地产销售业务中的角色。我发现这样也许会更好，即坦然承认自己问这些用于客户资格确认的问题会让自己感觉不适，但是所需要了解的并不是所有的信息，而只是一部分信息，这样才能很好地为他们服务。

调研领域

你想了解的某一特定不确定意向客户的客户资格确认信息可能根据不同条件而发生变化，然而，对于所有你的不确定意向客户你需要知道的基本信息如下。

用于客户资格确认的问题清单

请注意下面这些用于客户资格确认的问题是从一般性问题逐渐过渡到更特殊性的问题，这样可以降低太快触及个人问题的风险。虽然没有特定的顺序，但是用一般性问题开始慢慢深入到特殊性问题将会是明智的。

姓名

尽早准确知道客户的姓名，并且能确定如何正确地拼写和发音，了解第一个名字是正式名还是昵称。

家庭规模

如果合适，了解住在房子里的家庭成员人数、性别以及成人、青少年或孩子的大致年龄。（记住：儿童的姓名往往显示这个家庭的兴趣特征。）

138 **本地人还是外乡人**

如果客户是本地人，那他对本地区情况的了解会和你一样多（甚至比你还多）。如果他们来自外乡，那你也许要为他们提供对本地的总体描述并在销售过程中不断缩小范围。无论是哪种方法，不确定意向客户了解信息的状况将影响你的销售模式。

当前房产状况

如果客户在搬家前需要卖掉自己原来的房产，将和他们能够立刻搬家的销售状况不同。你需要了解这些信息。

购买的紧迫性

调研这方面信息是为了使你形成一个整体交易的时间框架。如果客户已经找了一段时间房子，并且“只有在找到合适的时候”才购买，那你对待他们的方法就和那些传奇式的“日落时就需要房子”的客户是不一样的。

特殊需求

也许有些特定的客户要求房子有一项或多项特殊内容。比如税前的正现金流、特定的区域、特定的社区或者较大的主卧室。如果这些是必须有的（或者必须没有的）需求，你应该及时了解。

生活方式

这个因素是和特殊需求相关联的。许多销售人员在潜在的买方所处的环境中与他们交谈，这样做是为了了解这些人是如何使用他们房产的。比如，对很多家庭而言，房子是他们吃饭、睡觉的地方，在房子内的时间很少。但对另一些人而言，房子是他们家庭活动的中心。因此对于你而言，了解每个家庭将房子作为什么角色是很重要的。花一些时间了解潜在买方当前的房子能够帮助你“感觉”他们在下一个房子里希望（或者不希望）得到的。这个方面的客户资格确认不如其他方面特殊化，但是它同样是必需的。

决策能力

销售人员经常发现在自己认为已经找到合适的房产后，目标客户却决定不购买了。这种犹豫经常根源于缺乏自信。为了有效清除这种障碍，一个成功的方法
139 是这样说：“买卖房地产是个大决定，如果你需要其他一些帮助来做出决定是可以理解的，并且人们通常也是这样做的。”在最初客户资格确认时你就说出这样的话将会避免以后出现类似的问题。

这些外在的帮助也许来自给买方出钱的双亲之一，或者来自比买方更有经验的朋友，也许会是律师或者会计师。不管是谁，你需要在销售过程中尽早知道存在并参与活动的第三方是谁。然后就是你如何对待这些“专家”。在特定交易中，你要接受他们并且在销售过程中尊重这些帮助性的角色。如果你疏远了这些客户的可信的帮手或者不愿意让他们参与进来，这些帮手就会破坏你和目标客户的关系。这些人参与进来的唯一原因就是要帮助买方，毕竟这个理由和你参与进来的原因是一样的。

经济状况

当许多经纪人听到“客户资格确认”这个词的时候，立刻想到的就是钱。收入和经济状况肯定是客户资格确认过程中的重要内容，但是它只是其中的一部分。正如前面所述，我们生活在社会中使我们认识到一个人的经济状况并不完全表明他的其他方面。但是销售人员应该有一些指导方针以使他们的工作能够使不确定意向客户成为真正的目标客户。许多经纪人在鼓起勇气讨论这个主题时是有困难的。然而，有一些方法是可以用来获得有关客户经济状况的必需信息而又不太涉及个人隐私的。要记住，你的目标是获得信息，而不是管闲事。

许多目标客户需要各种不同的可以运用的付款选择。经纪人应该能够准确了解各种选择方式的优缺点。其中一些基础内容包括资产净值的购买、5%～25%折扣点的常规抵押、VA方式、FHA方式、销售预付款、大学毕业生抵押、可变利率抵押、业主自己操作方式和二次抵押。当然，还有其他一些方法可考虑，但采用这些方式需要本地区当前金融市场的信息。一个经纪人可以通过告知（或者不告知）各种可以运用的付款选择，使买方或卖方节省（或者浪费）上千美元。

许多经纪人都喜欢利用对这些不同选择的讨论来了解客户的经济状况。有关客户经济状况的确认可以分解为两个部分：首付款和后续付款，要确定每部分的资金总额。当回答类似“你准备了多少钱”或者“你有多少存款”这样的生硬问题时，很少有人会感觉舒服。

幸运的是，还有一些其他的更巧妙的方法可以用来获得这些信息。一个可考虑的方法是：“巴尔先生，你是否讨论过大概计划用多少存款（或者从你要卖掉的其他房产获得的资金中拿出多少）作为预付款投资到你的新房产中？”

下一个问题是：“你决定大概用你收入中的多少来投资到后续付款中？”也许是月供，也许是年供，或者是两者之间的方式，这要根据不同情况来定。在有了这些资金总额后，你可以判断这些数额是否和剩下的其他需要客户资格确认的信息相协调。

一分钱买一分货。你不要设定市场价值，如果房价和你目标客户认为的不一
140 样，那不是你的错。若在房地产真实价值上存在不同认知，这就需要尽早提出并加以解决，否则你为帮助客户而做的所有其他努力都是无目的的。

行动指南

现在有一个用来确认买方资格的很好方法就是使用网上贷款计算器。有一些网站如 http://www.fanniemae.com 和 http://www.bankrate.com 为借款人提供了一些较好的网上贷款计算器。

每个市场都有不同的客户资格确认指导方针。表9—1、表9—2、表9—3和表9—4是一些检测清单的范例。你的公司应该已经将它们打印出来并且按需要

修改了。**定期检测几个贷款人以确定你正在使用当前的指导方针**。这些检测清单可以帮助你用综合的方式获得正确信息，这样你就不会遗漏任何重要信息。使用这些清单也显示了你获得并记录有关客户个人状况所必需信息的专业方法，以便你能够为客户提供更好的服务。在一些案例中，也许最好可以通过贷款官员来预确认潜在买方。这样可以帮助在任一房产协议履约前减少因经济能力而出现的问题。

141 **表 9—1　　ABC房地产经纪行目标客户信息表**

注意：你从目标客户处所获得的信息能够使你更好地帮助买方实现他们的房地产需求。在你开始提问前先向目标客户解释为什么要提问，并且获得他们对提问的允许。

姓名：______________________ 电话：______________________

地址：____

如何接触？　未预约而来 □　广告 □　目标客户/推荐 □　其他 □

孩子数__________ 年龄__________ 其他亲属__________

需要的区域：____

需要的特殊特征（帮助目标客户关注“必需的要求”）：

____

____

____

紧迫性：首次购买__________________ 租赁__________________

想搬入的时间：____

经济状况（指新贷款资格确认表）：______________________________

____

大概的初始投资/预付款：______________________________

大概的月供款：____

如果现在能找到满足目标客户需求的房子，他们能决定购买吗？是（　　）否（　　）

在他们做决定购买前，还有其他人需要帮着看房子吗？是（　　）否（　　）如果是，那是谁？

____

日期：______________________ 经纪人：______________________

142 **表 9—2　　VA 方式授权表单**

Ⅰ. 房子原来的购买价格（美元）______________ ×0.6＝______________ (A)

Ⅱ. 最初价值：______________

　　－(A)　______________

　　＝(B)　______________

Ⅲ. 最初价值剩余：(B)______________ ×4＝______________ (C)

Ⅳ. 新增加价值：______________ ×4＝______________

　　超出最初的数额：______________ ＋(C)＝______________

　　　　　　　　　　当前价值＝______________ (D)

Ⅴ. 新房价格______________

　　－(D)　______________

　　＝　______________ ×0.25

　　＝　______________ 需要的初始投资

143 **表 9—3** **VA方式用于客户资格确认的公式**

申请者月度总收入：____________________

如果是周收入×52÷12=月度平均数

如果是双周收入×26÷12=月度平均数

如果是年收入÷12=月度平均数

注意：除了工资外，退休金、社会保险金、儿童抚养费或者离婚赡养费、租金收入、佣金和奖金都应包括在收入中。

下面是所有的支出：

1. 所得税（仅是要缴税的收入）	________	（查图表）
2. 社会保险金或退休金	________	0.076 5×月度总收入，每人最多250美元
3. 月支出费用（6个月或更多）	________	（贷款和零售数额）
4. 人寿和医疗保险费	________	
5. 儿童看护/儿童抚养费	________	
6. VA家庭因素	________	（查下面列表）
7. 新房安置费	________	（每1 000平方英尺140美元）
8. 总额	________	

总的月度收入 ________

减去所有支出 ________

最大的房供额 ________

VA家庭因素

1人——400美元

2人——660美元

3人——835美元

4人——960美元

5人——1 060美元

此后每人增加90美元

144 **表 9—4** **FHA方式用于客户资格确认的公式**

申请者月度总收入	________
减去所有税支出（查图表）	________
等于FHA收入	________
下面是所有支出：	________
1. 社会保险金（0.076 5）	________
2. 月度支出费用（12个月或更多）	________
3. 人寿和医疗保险费	________
4. 儿童看护费/儿童抚养费	________
总额	________
减去支出	________
结果	A. ________
FHA收入×0.43	B. ________
在A和B中选最小数	________
减去新房安置费	
（居住区域每1 000平方英尺140美元）	________
最大的房供额	________

提醒：用最大房供款可能会使你的买方成为不再剩余任何资金的申请者。

行动指南

考虑使用一个软件如Excel来建立电子数据表，在你进行客户资格确认的咨询过程中可以自动进行数学计算。你也可以将这些电子数据表上传到你的网站上，让你的客户可以用它们测算自己是否有资格获得房产贷款。一定要请1～2个贷款官员来确认你的计算，并且在你的网站上一直发表声明“有关信息和利率可能是本人不知道而在变动的”。要获得有关Excel电子数据表的更多信息，请访问http://www.microsoft.com/。

具备资格与有能力支付

客户认为他们能投资房地产和他们实际上有能力投资房地产有时是不同的。经纪人有责任知道其中的不同。**具备资格的数额**（qualify amount）是指在特定市场区域客户平均要投资在房地产上的数额，这个指标分析显示应该要投资的数额。**有能力支付的数额**（afford amount）是指客户投资多少数额感觉轻松。这不是一个平均统计数据，但显示的是个人投资的轻松程度。下面让我们看三个例子：

一对双职工中年夫妇正在寻找新房子。他们的孩子已经长大并且可以自立，这对夫妇没有什么债务，有充足的存款和很好的信用额度。表面上看这对夫妇应该具备资格月供贷款，但是不知道他们有能力轻松支付多少额度。

一个类似情况的买方会说：“我正在考虑提前放松和退休。老是想着还要在未来20年或者30年承担这样数额的月供款让我无法安然入睡。”在这种情况下，成功的房地产经纪人应该尊重买方感觉轻松的有能力支付的数额。

另一个例子是一对年轻的夫妇有一个很小的孩子，并且计划不久再要一个孩子，双方都努力工作想买个房子。他们希望经纪人能够帮他们找到一个靠两人收入能供得起的房子，但是妻子正计划辞掉工作来照看孩子。这对夫妇能够支付的
145 数额和他们具备资格的数额是不一样的。他们家庭的目标房源是高尚住宅，经纪人应尽可能地去帮助他们。然而，没有人可以搬进一个新宅而仅仅依靠其微薄的收入。那将发生什么呢？强迫出售？婚姻问题？这些客户再去请求经纪人帮忙？经纪人有职责在客户资格确认中偶尔帮助客户“降低”热情。要知道具备资格的数额和有能力支付的数额是完全不同的含义。

购买动机

客户资格确认的另一内容是要努力确定客户的**购买动机**（buying motives）——即客户为什么要搜寻房产。客户的购买动机有什么不同？确实是有很大区别的！你提供什么样的房产依赖于潜在购买者的购买原因。你必须坚持这样的事实：你不能在销售中说谎，但是你可以通过各种方式提供信息。探讨客户为什么要购买是对不确定意向客户进行资格确认的重要内容。客户有很多购买原因，一些主要的购买动机如下：

- **改变房子大小**——家庭或公司有更多或更少的人。
- **经济原因**——税收、财产增值、投资回报。
- **业主身份自豪感**——这个房产属于自己。
- **声誉/社会原因**——声誉提升或下降；与家庭和朋友保持联系。
- **便利性**——位置和节省劳动力的策略。
- **职业转换**——无论是跨城、跨州、跨国，这都是最普遍的动机之一。
- **技术改变**——工作场所过时了或者陈旧了。
- **想改变的愿望**——这是很普遍但又很难察觉的动机。人们对同样的车、衣服、食物和房子感觉厌倦了。因为改变的目的而去改变可能对其他人而言是不可接受的，但是请在你的目标客户中观察这种动机吧。

这个列表只显示了一部分动机，还有许多其他的动机。对于某个特定的目标客户而言，某些动机要比其他的更强烈，但一定要意识到发现客户为什么购买或者出售是非常必要的。有时目标客户不会直接说明自己的动机，因此经纪人要找到线索以发现客户资格确认中这部分重要的内容。

小　结

146 销售人员通过客户资格确认阶段，将不确定意向客户发展成为真实的目标客户。客户资格确认是指销售人员确定客户的房地产需求和需要以便满足他们的需求和需要。这个过程节省了经纪人的时间和金钱，并且通过带潜在购买者看他们想要的或者能够支付的房产来和他们建立良好关系。

一个有效的用来确定客户资格的技术就是解释和征询法，即销售人员向客户解释询问用于客户资格确认问题的必要性并征求他们的同意。这些用于客户资格确认的问题包括目标客户的姓名、家庭规模、他们是本地人还是外乡人、现在的居住情况、购买的紧迫性、特殊需求、生活方式、决策能力和经济状况。

确定目标客户的购买动机是客户资格确认过程的必要组成内容。这些动机可能包括家庭变化、业主身份自豪感、提高声誉的愿望、便利性、职业转换或者想改变的愿望。

复习题

1. 什么是客户资格确认？

2. 销售人员应该进行客户资格确认的四个原因是什么？

3. 销售人员什么时候开始进行客户资格确认？

4. 销售人员什么时候结束客户资格确认？

5. 什么是客户资格确认的解释和征询法？

6. 为什么在客户资格确认时，你应该先从一般性问题开始再逐渐过渡到更特殊性的问题？

7. 哪些客户资格确认的内容是你需要调研的？

8. 当在询问有关家庭规模的问题时，哪个方法可以有效地了解到该家庭的真实兴趣？

9. 如果不确定意向客户在做决策时有困难，那么有什么好的策略可以用？

10. 在对客户经济状况进行确认时，有哪两个部分是你需要处理的？

147 11. 买方具备资格的数额和有能力支付的数额之间有什么区别？

12. 有哪些主要的购买动机？

13. 访问 http://www.bankrate.com 并列出那些可以为正考虑抵押贷款的客户所用的各种不同类型的贷款计算器。

讨论题

1. 你认为销售人员应该对所有潜在买方都进行客户资格确认吗？为什么？

2. 你开始时如何提出对于销售过程很重要的用于客户资格确认的问题？

3. 除了本章所提到的客户资格确认内容外，你还想知道目标客户的哪些信息？

情景题

成功的客户资格确认技术

某天下午你作为值班的经纪人，这时办公室来了一对穿着不错的夫妇。他们对你们公司列出的附近社区的几个新房很感兴趣。在做完介绍后，你开始询问用于客户资格确认的问题。这位男士回答了第一个一般性的问题，但对第二个问题他的反应是："我们可以后面再聊这些问题吗？现在就带我们去看房吧！"接下来会发生什么情况呢？

不关你的事

假设在接下来的场景中，这个不确定意向客户（至少目前还是）简单地拒绝回答任何用于客户资格确认的问题，并且平淡地说："这些都是我的私人问题，和你并不相干。"此时会发生什么情况呢？

第 10 章

介绍房产

关键词

149 细小决策法（mini-decision approach）

预看房产（previewing）

阶梯法（stair-step）

在销售过程中看房的重要性

本章的主旨是讲如何展示房产，包括一个销售人员所应该知道的关于如何有效并且高效率地介绍房产的一些技术方法。看房在销售过程中的重要性也是我们讨论的重点之一，随后将介绍一些看房准则。

在任何一项销售活动中，不管是产品销售还是服务销售，符合实际的说明都是十分关键的。对一个销售人员来说，要提供一项服务可能会有些困难，比如为客户提供一份房源报告。但是，想要一位目标客户（在前面的章节中对此有定性的解释）不经过任何产品之间的比较就决定购买是不切实际的。差不多任何一个案例中，潜在购买者在决定购买前都会先去尝试一下，比如试衣服、验车、试马等等。毫无疑问，人们在仔细考虑是否买下某物之前，有时会远远不止一次去审视它。一个好的看房计划是至关重要的，那些卓越的房地产销售者都会牢牢地抓住这一点。本章的一个目的是要指出在销售过程中看房的作用。另一个目的就是列出一些有意义的看房指导原则来帮助你销售成功。

为什么看房是必要的?

如前文所述，那些一般的或者比较差劲的销售人员知道需要做什么，但卓越的房地产经纪人知道他们为什么要做他们正在做的一项特殊的尝试或活动。这里列出了四点看房的主要原因（见表 10—1）：为了销售，为了让客户参与进来，为了找出特色和优势，为了进一步定位目标客户。

150 **表 10—1**　　**为什么要看房?**

1. 为了销售。为向客户介绍房产做准备。
2. 为了让客户参与进来。让客户参与进来是使其产生购买行为的关键。
3. 为了找出特色和优势。避免展示“物品”，而是展示“用处”和“价值”。
4. 为了进一步定位目标客户。确保你为客户介绍的房产正是他们想要的类型。

为了销售

一个没有能力或者没有信心实现销售利润的经纪人是不应该去为客户介绍房产的。对多数销售人员来说，前期准备是十分有意义的。那些受过良好训练的人直到看房的那一刻都会非常兴奋和不安，但是，至少他（她）有能力为客户描述房产，房产所有者和他背后的经纪公司都会给予他极大的信任。别像我当初一样，当我的第一位目标客户对我说：“这是一个好房子，我打算要买啦!”而我只是在一旁大吸了一口气，然后结结巴巴说了句：“你确定吗?”只知道说些与销售无关的事！坦率地说，作为一个销售人员我从来没有因为完成了这次任务而感到满足过。客户都已经准备好了，而我却还没有！不要犯同样的错误。一旦你觉得自己准备好了，马上走出去并且展示给大家，不要迟疑。但是，不要在未准备好的时候就仓促出动。这一步并不是为了练习——是为了销售而且你想要把它做好。

为了让客户参与进来

看房是一个行动过程，重要原因之一是可以让目标客户介入销售活动中来。只有达到这一点，在销售人员与可能的买主碰面时才不会相互抵触。闲坐
151 着谈论房产与实际考察它们是不一样的。看房的一部分原因是为了让目标客户能够确定这处房产对他们的“适用度”和“舒适度”。精明的销售人员对这方面都是十分敏感的，并且保证充分的时间去做到这一点。不管你处在房地产销售进程中的哪一步，有一点是不变的：你需要给人们一些时间来与这个地方相融合。

行动指南

正如前面章节提到的，照片、实地参观或者许多其他类型的媒体模式给消费者提供了提前参观房产的机会。这种新的看房实践通常发生在与房地产经纪人见面之前。机智的房地产专业人士都知道如果网页上有漂亮的照片或者必要的实地参观会使售楼活动变得简单而有效率。

为了找出特色和优势

为了实现预期的吸引客户兴趣的目的，有时候经纪人必须靠某些特殊的方面来唤起人们的注意。看房的一个重要作用就是让经纪人能够找出一处房产的特色和优势及它们具体体现在什么地方。注意前文说的是“特色和优势”而不是说的“物品”，因为目标客户对房产的第一关注往往是他们该如何利用它。他们的生活方式是什么？你应该去了解客户计划如何使用这些房产或者他们有些什么特殊方式来将房产纳入其生活模式。

你需要在介绍房产时指出客户怎样才能在他们自己的生活方式基础上最大限度地利用它。举例来说，一台洗碗机是用来清洁盘子的，但是它能够带给客户舒适和方便，这时，它对客户来说不仅仅只是一台机器，还为他（她）的家庭省下了很多做家务劳动的时间。同样地，想想人们要是能在房子里找到一个壁炉该会有多高兴啊！它将是一项杰作，为房间锦上添花。我们可以对客户说，在寒冷的夜晚，这个壁炉可以为他们创造一个沉浸在舒适温度环境下的放松时光。记住，并不是我们觉得什么重要或者我们应该怎样利用这些房产资源，而是依赖于目标客户需要我们提供的东西。这就要求我们为之介绍的是“特色和优势”而不是笼统的“物品”。在产品展示时一定要牢记这一点。

为了进一步定位目标客户

看房的另一个重要作用就是为了对目标客户进一步定位。客户可能已经去拜访过经纪人办公室，并且口头保证他们确切地知道他们想要的是什么，这是毫无疑问的。因此，经纪人会挑选出看似能够满足客户提出的所有要求的完美出售物（房源），然后与客户安排一次约会，就理所当然地以为这次销售会很容易达成。可到最后，经纪人会很意外地发现这些客户根本就不喜欢他所挑选的房子甚至讨厌它。难道是经纪人的计划里被注入了什么消极因素吗？错误并不在此。原因是这个经纪人应对客户做出进一步目标客户确认的工作并因此做一些努力。在看房过程中，当人们说“不”的时候，这并不是坏事，一定程度上这还是件好事。因为销售人员消除了一个阻碍销售的障碍物。如果在这次销售中存在太多的障碍，经纪人可能不会取得成功。但是，他（她）至少知道了客户对这一特定房产的意见以及什么是该客户所不喜欢的。当发生这样的情况时，经纪人该怎么做呢？简单地说，就是换个方式然后重新开始。有些客户最初坚持认为自己确切地知道自己想要什么，但最终却买下了一个几乎完全相反的东西。经纪人能够发现这个问

题的唯一方法就是带他们看房。根据他们的反应，销售人员能够对他们真正想要
152 的有更好的了解，同时也实现了看房的一个重要目的——为了进一步定位目标客户。

一些看房的指导原则

在看房时，有哪些指导原则是需要我们记住的呢？设想你有一个随身带着信用卡的目标客户哈斯科尔先生，你准备好带他出去看房。你已经确定他是一个目标客户，你了解他的经济实力，确定他想要的和他的需求，你觉得你已经知道了所有你需要知道的关于他的东西，这时，你做好了设计你的销售计划的准备。哪些房屋特色是你要在看房时涵盖进去的呢？让我们来谈谈一些看房的指导原则并建立一个清单。这个清单将至少包括 11 个要点[①]。务必确保你没有落下任何一步。它们都是同等重要的，并且每一点在成功的产品演示中都是必要的。

预看房产

设想一个销售人员即将带客户去桃树路 456 号看一座房子，这时客户会问一些关于房子的问题。如果你回答说：“请不要问我关于它的任何问题，先生！我也是第一次来，让我们一起进去看看然后再评定吧。”这样的回答显然是不明智的。在看房指导原则中，最重要的一条就是应该**预看房产**（previewing the property），在为客户展示房产前自己检查一遍。

在去看房的路上，和目标客户一起在车里面的时候，销售人员就应该和客户谈起有关房子的情况。大多数优异的房地产经纪人经常能取得更好的成绩，因为他们谈论的是有关销售情况而不是足球、股票市场或者其他无关话题。如果一个销售人员自己也没看过房，他怎么能够和客户谈起他们将要去看的房子呢？也有一些紧急情况是在自己还没有了解房产的情况下就需要带客户看房，但是很少能够做一些积极措施来应对这样的“冷门事件”。大多数情况下，这些感到惊讶的经纪人在这种情况下带客户看的房往往都是一些尾房。若有将会使客户感到失望的情况，这时，如果在到达预看房产所在地之前提前提醒客户反而会成为经纪人的一个优势。这样会让目标客户自己在那个房子里发现一些积极的惊喜。但是如果你知道该房产存在一些小缺陷，最好在客户提出异议前为他们指出来。

假设有这样一个房子可以满足客户向你描述的所有要求，唯独有一点，他们需要一个大的后花园，但是这个房子所有东西都具备除了他们要求的大的后花园。这时如果你说：“琼和詹妮弗，我非常感谢你们来看这所房子——这所房子基本符合你们所有的要求，唯独这里的后花园比较小。”他们会立即认为这个后花园可能非常小！客户看完前院及房子内部后，会径直走到后花园看个究竟。在

① 原书如此，疑有误。——译者注

你那样说了之后，后花园可能看起来实际根本就没他们想象的那么糟糕！这样一来，他们对房子的其余部分也会感到兴奋。于是他们会继续进行下去。但是，如果你什么缺点都没说，你的目标客户到那里时总以为这个房子符合他们的一切要求。看房时，他们对前院和房子内部感到兴奋，但一到后花园就给他们毫无防备的一击——正是这里会使这次销售亮红灯。如果你给自己定下规矩，绝不在没有预先了解房屋的情况下带客户看房（当然前面提到的那种情况除外），你就能更好地控制销售局面。如果你是一个新人或者初次涉入房地产业，请先停下来想一想要到你的公开求售房来看房的人。往往城里那些顶级的经纪人会单独前来为他
153 的客户检查房子的状况。那些经纪人知道这样做是值得的，因为如果你自己都从来没有看过房的话，你将长期卖不出这套房子。

◉制定看房计划

在开展行动之前，经纪人必须先对销售活动有个周密的计划。看房的三个关键方面就是预约、选择看房路线以及确定听众。

预约

一个好的计划的第一步就是安排好一次约会（即确定看房时间）。预约一个双方都能够遵守的时间。避免如下情况的发生：

> 你打电话给 XYZ 房地产经纪公司，经纪人杰克·琼斯接听了电话。你说：“杰克，我想 1:30 和你一起去看看位于主街 123 号的那栋房子。”他回答说，“好的，我会早到那边开门等你。”于是他 1:15 到达那里，然后一直等你到两点。如果你没有准时到达，当你出现在那里时他将变成一个沮丧的销售人员。
>
> 或者，设想一位客户说，“我将有两个小时时间，我们 1:30 一起出发，不过我必须 3:30 回家。”如果你 4:15 才让她回去，她会非常沮丧和生气。

上面两种情况描述的都是一个不认真对待预约的经纪人。你应该在你的计划中首先设定预约事宜，然后确保遵其行事。计划你的时间，合情合理地运用它。如果你真的走好了销售进程中这决定性的第一步，你的客户和同事都将十分高兴。当然，在设定预约事宜时最好保持一点点弹性。明智的策略是告诉琼斯先生你会在 1:15 至 1:30 之间到达主街，如果有什么意外你 1:45 还不能到达那里你会再打电话给他。事先设定好最恰当看房次数也是完美计划中的一部分。

选择路线

选择什么样的行驶路线到达房产所在地也是你计划中极其重要的一部分。几乎所有的房产都是可到达的，即使有些路线不如意。你应该多强调正面因素并且选择最优的路线来向他们展示邻近社区内最精彩的部分。

但是，请注意，如果你们行驶的路上经过邻家一栋价值 250 000 美元的房子，而你们要去看的是一栋价值只有 150 000 美元的房子，经过这样一段美妙的旅程

后，那个相对廉价的房子看起来将会怎样呢？一条太有吸引力或者太奢华的路线明显对你的销售不利，但是，在选择路线上多花一点工夫并做出些计划，你就能选出那条到达房产所在地的最佳路线。你的目的是让你对房产的介绍更有吸引力，至此，你的做法依然是诚实的。

154 **行动指南**

在看房之前，让客户看一部好的关于房产情况的 DVD 或者录像带是 David Knox Productions 出版的《买房八部曲》中的建议。

这个录像带帮助客户了解更多关于房屋购置的过程，并且是房地产经纪人在与未来的购房者之间建立信任和联系的一个优秀的介绍性工具。

了解你的听众

计划的另一个重要方面是确定你的听众中哪些是目标客户，这是一个很重要的区分。事先我们应该讨论的问题是谁是队伍中的决策者以及尽早地知道谁是决策人的重要性。如果你发现这个人并不是你预期的那位先生（女士），这时，你计划里极其重要的一部分就是安排这个人尽早去看房。让他早些坐上你的车能为你节省很多时间并且避免走弯路。

图 10—1 说明该怎样准备一项看房计划。

155 6 月 25 日下午 1:00 在莎莉的办公室碰面。已于 6 月 24 日下午 6:00 和客户盖尔・L・詹尼尔确认。没有其他人一同前往。

1:30　去看 Bnimer 9327 号房产（已和莎莉确认）。从高速公路下来到 Jake kosewood 街，然后左转上 kinka 街。介绍周围的好风景以及有优先权选择的中学。

2:15　去看 Jaimes Land 3450 号房产（杰克的钥匙）。房子是空的，要注意房子也许很热而且不通气。但离开时从 Oaks 大学（南校区）通过，向右转上 Joster 路。

3:15　去看 Joster 路 18304 号房（拨打电话 681—7770 请迈克・威尔逊来开房门）。介绍附近整齐的草坪。每个房源经纪人都会重新粉刷卧室。

3:45　喝完咖啡后讨论一下房产。记住：詹尼尔先生在下午 5:00 前要回家。

图 10—1　看房计划（范本）

让卖方远离销售

在我们看房清单中另一个重点是看房时尽量不要让卖方参加。最近，我参加了一个让我印象十分深刻的农场销售活动。卖方事先说他们会待在农场后面以备我们有所需；显然，该房源经纪人已经向他们了解过一些基本情况。这是一种最有利的情势，而不是卖方直接去问前来看房的目标客户想要知道关于这处房产的哪方面情况。尽可能地安排卖方不要直接参与。有时候如果你不能控制整个看房活动，将对你能否完成这次销售产生很大的影响。

几年前，我销售一座位于山上的漂亮房子，透过房子的玻璃窗可以看到整个城市的轮廓。展示它最美的这一面的最佳时间就是在傍晚夕阳西下的时候，站在露台上将城市里华灯闪烁的景致尽收眼底，那画面是如此地动人心弦。

客户们都爱上了这里！我和一位客户站在露台上，呼吸着乡村清新的空气，欣赏着窗外落日的华丽美景，偏偏在这个时候，房主砰的一声从后门破门而入并尖叫道："你忘了告诉他们我们家厨房还有一套128平方英尺的橱柜！"砰！这位客户对这所房子的激情马上消失得无影无踪，因为他根本就不关心这里是否有橱柜空间。我原本只是想完全靠那个露台以及门外所有免费的自然景致来将房子卖出，但是结果他们买的是另一栋。如果当时卖方不在就好啦！这个定律同样适用于房地产销售的其他阶段。就像一位即将"退休"的农场主告诉那些第一次前来看房的"城里人"怎样开拖拉机一样，显然这是滑稽的。开发商在投资者第一次来考察时就坚持向他们证明建筑设计风格有多伟大的情况也是如此。这些事情的确是重要的，但无须现在证明。如果卖方将房子一些有价值的地方与你一起分享过（他们会经常这么做），你可以在提前参观时就获得这些信息。事实上，花费
156 一些时间尽可能地向卖方了解房产信息是相当有意义的。但最好是在你的客户不在场的情况下并且在带他们看房之前进行。

再次强调，如果可以的话，看房时请不要让卖方参与。这是一个房源经纪人的部分职责所在，不要惧怕去查看这项工作是否已经安排好。如果卖方不愿意合作，请报告给房源经纪人。

保持控制权

让卖方回避的目的就是为了让经纪人能够自主地控制整个销售过程。保持控制权是看房指导原则中非常关键的一点。这可能是复杂的，因为经纪人需要一直跟随整个看房活动。不要让卖方——或者其他经纪人——跟着。

我们为其他经纪人打开门就是失去控制权的一个例子。假设其他经纪人和客户先到了，因为你没有锁门，这个经纪人对他的客户说："你看啊，我们还没有看过这房子吧，反正我们也没有打算住这里，不如我们进去随便看看吧。"这当然不是看房所应该采取的方式。虽然这个经纪人是想带他的客户在周围随便转转以便他们能作出决定！但这在房地产商业领域并不是一个能成功的办法。你必须确认是你发号施令，但是必须是以一种轻松的、言语得体的方式去做。

要做到控制局面，在向你的客户介绍时语气要坚定，而不是未加修饰的和有攻击性的。当你和客户在一起时，你应该先简单地对他们说："客户先生（小姐），我今天将要为您介绍房产，这是我们今天的一个行程表。"然后继续解释你的计划，分步进行，如果你感觉客户的理解偏离了这个计划，记得提醒他们回到计划上来。无论你在计划上花费了多少时间和精力，或者你已经准备得很充分，但是如果你的客户不配合的话，这一切都是无效的。控制权是根据经验逐渐形成的，你将会发现你看的房越多，你在做这项工作时就会越熟练。做到集中精力去控制整个销售活动，你的能力也会随着销售次数的增加而得到提升。

投入足够的时间

另一个看房指导原则就是让客户慢慢来——千万不要在看房过程中催促他（她）。记住，如果你已经在目标客户确认上下了工夫，你要展示的房子也基本接近客户的要求，那么请不要着急，慢慢来。给客户足够的时间来视察这个房子。

如果你的选择不对头，你是会知道的。那些人会说："很好，看上去不错，我们再去别的地方看看吧。"大部分房地产经纪人可能会想："如果我带他们看足够多的房子，那么将总有一个会让他们满意的。"经纪人和客户在看房过程中都能学会很多，但必须做得妥善而且完成得彻底。

同样要记住，你的每一次介绍都是你继续开展目标客户确认的过程，他们的反应就是给你的信号。有时，在客户刚进入房间时，他们会表现得有些消极。而在看完整个房子后，他们的态度可能会有所不同，也可能和刚进入房子时一致。他们可能会说："我不想再看到类似的房子。"看房需要花费时间，所以给自己时间去做好一项工作。在陪客户看房初期，他们可能需要了解确切的价格或是当地
157 风格，这些事情都是需要时间的。如果客户过去 20 年都没有问过房价，他们可能会对价格表示震惊，所以他们需要时间来喘息一下。这时，请不要一次性给他们好几个价格参数来迷惑他们。

限制客户的选择

有些经纪人可能一天下来后完全是精疲力竭的，抱怨他的客户总共看了 19 套房，可客户依然没有下定决心。怎么会这样呢？很多经纪人才看完四五套房后就会变得糊涂，那些客户又何尝不是这样呢！另一个看房指导原则就是限制客户的选择。

这并不意味着经纪人可以说："你看，在最近两周内我一共带你看了四处房子，我的培训师教我应该限制你的选择，所以这就是我能展示给你的全部房子啦，买还是不买自己决定！"如果这样，客户当然不会买。这里的限制客户的选择指的是不要一次性给客户太多的选择。大概一次最多看三四处就足够了。看完后坐下来好好谈一下，讨论一下房子的优缺点并观察客户对那几处房产的反应。如果看太多，那些细节问题也会一起泛滥。

心理学家告诉我们，人在变得坚定之前最多只能应付 6～7 种选择。如果人们进入一个新的领域，这是尤其重要的。经纪人在自己预看房源时能看几处呢？有谁能够连续不间断地看房吗？有时候一些房产根本无法给人留下深刻印象。或者有四五处房产就只有一两个显著特色，很快销售人员可能就不记得哪套房有哪种特色了。客户说："嘿，我想去看看那套有绿色主卧、专门的家庭活动室、漂亮的岩石壁炉的房子。这房子真是太棒了！"你实在不愿意打消他的激情，因为他说的那几种特色根本不在同一套房子里面！

如果你们看的是一些比较复杂的房子，比如经过大幅度改善的农业或商业地产，它们会有无数个细节需要介绍和讨论。每一处房产都需要分配一整块时间来参观，这里适用同样的原则。"看这套房时卖另一套"是售房的大忌。当展示一处房产时，就集中精力在这上面，然后再去看另一处。

征求客户的比较

为了让客户对房产产生兴趣，最好的办法就是问他们问题。记住，每展示一套房子时，你会持续向客户指出那里的特色和优点，同时，让你的客户在几个房产之间进行比较也是十分重要的。

有些经纪人认为，一个不错的主意是在看过两套房之后，像这样问你的客户：“先生，这套房跟上一套比起来怎么样呢？”你用过这样的问题吗？事实上，这并不是一个可行的做法。你应该把每一项特色拿出来讨论，因为如果客户一次性要比较太多的地方，他们根本应付不过来。要一步步地回顾这套房子。应该把刚刚那句话重新组织一下：“先生，这套房的起居室跟我们看的上一套房的起居室比起来怎么样呢？”

如果经纪人进行过严格的目标客户确认，他就会知道客户的需求。如果某一项特色对客户来说很重要，那么，可以集中谈论这一重要的特色。举例来说，你
158 可以问：“这里的住宅跟其他房子比起来怎么样呢？这个是不是更接近你的要求呢？”记住一定要记得让客户进行比较。

不要为房产辩解

当你问客户有关这处房产的优缺点时，你可能会听到一些消极的回答。“罗斯小姐，这里的布局和我们之前看的那套相比怎么样呢？”她可能会答道：“我不喜欢这里！”接下来你该怎么接话呢？“好，你必须喜欢这里！这里更好！”对你来说这里可能更好，但是并不意味对他们来说就更好。因此，不要为房产辩解。

卖方在试图把他们的房子拿到市场上出售时会遇到问题的原因是因为他们和房子太亲近、太有感情了。他们一旦谈及房子的一些小问题或者客户否定房子时就会变得特别敏感且情绪激动。作为一个经纪人，当房产受到批判时，你千万不要表现得跟卖方一样地竭力保护它。如果琼斯小姐说：“高斯，这块镶板怎么是这种奇怪的白色？”你可能回答：“的确是这样的，有什么方法可以解决这个问题呢？或许换个帘子就会不一样了。这个房间能否重新装修一下让你不再注意到它的色彩呢？”如果她说：“不行，还是不行。”这种方式也是可以接受的。客户已经告知你需要知道些什么，就算他们的要求并不合理，但总是值得尊重的。

通过问你的客户他们对某件事物的看法，听他们的抱怨或感觉，你可以用一种对他们来说非常恰当的方式来介绍房产。毕竟，你的工作是灵活的并且需要屈身迎合客户的要求，没有别的办法。记住，是他们在花钱买房子，而不是你！

观察客户的反应

为什么你要带客户看房呢？有关他们怎样来接受这所房子你想要知道什么？你想要知道他们对房产的反应，而且你也必须认真观察他们的反应。

通过观察其他经纪人的工作你可以从中学到很多。当你翻开一份记录着公司给其他经纪人任务的清单时，试着静下心来好好研究一下这张清单，并从他们的错误中汲取经验和教训。我观察到过这样一条记录，经纪人问：“约翰先生，这真是一个好壁炉，不是吗？”约翰先生回答道：“我觉得还凑合吧。”为什么他完全对它没有感觉呢！他喜欢它！但是他不会这么说！这时，经纪人说：“不如我带你去看看储藏室吧？”对那个经纪人来说这真是一次糟糕的转移。约翰先生可能一点也不关心储藏室，他感兴趣的只是壁炉，经纪人很有可能因为忽略了他这样明显的反应而导致销售失败。约翰可能仅仅只是为了要买这个壁炉而附带把房子的其他部分买下。

举例来说，设想我在展示一个有无限的狩猎潜能的农场。现在，我是一个狩猎爱好者（通常还带着相机），并对狩猎感到非常兴奋。但是目标客户喜欢这里是因为它的与世隔绝、和平与宁静。有效地看房应该把精力集中在它的寂静和宁静上，因为这才是客户真正想要的。

把你介绍的关键点定位于目标客户的反应上。如果他们指出什么东西，表现出对它的特色的兴趣，或者如果你注意到有什么对他们来说是重要的，重点强调出来并且告诉他们你所知道的关于它的一切以及它能够为客户带来的欢乐。

159 但是，如果你说："你觉得这个厨房怎么样？"约翰可能回答："还行。"他不会表现出任何非言语的兴趣因为他的思绪还停留在房子的另一部分，此时，你是否应该多介绍一下厨房呢？不！他所表现的缺乏兴趣正是我们转移目标的一个信号。确定客户态度的唯一办法是我们不仅要听他们说了些什么，还要注意他们的反应。你的指令信号来源于客户的反应。任何对他们重要的东西对你来说也都应该是重要的。记住，你提前预看过房子的概况并且事先知道什么需要强调、什么需要掩盖，现在，你还需要关注客户的反应信号。很多时候，小信号无法关注到位就需要重新开始互相配合。

准备好让潜在买方做决定

当你向你的目标客户展示房产并让他们做比较时，你期待他们能够做出决定。是否应该在整个销售的最后阶段孤注一掷，让你的客户作决断，直接问他"你要吗？"一个好的销售人员绝不会冒这样的险，强迫他们做决定的做法可能导致你失去这个客户。相反，你应该随时准备问他们细节性问题让他们做出一些细小决策。

一天晚上，一位新入行经纪人非常沮丧地走进来，尽管他早上和他的第一位客户一起出门时还表现得相当兴奋。我们一起回顾了他这一天的工作，分析他沮丧的原因。他的大部分做法都是对的，他也曾试图遵守大部分看房指导原则，唯独一条除外。我问道："你为什么要停止看房呢？你的结论是什么？"

他说："我已经带他们看了八个地方，我觉得是时候问他们一些问题了！"那时候就太晚啦，你应该边看边向他们提出问题。让你的客户在第一处和第二处之间进行比较。在看房过程中让他们做出一些微小决策因为你需要他们做出最终决定——简单地说，就是买房的决定。要知道想有效地结束一次销售不是一蹴而就的事。而应该是在你的销售过程中或者你每次去那里的路上将一些简单的、容易作出的结论一点点地积累起来。这就叫做**阶梯法**（stair-step）或者**细小决策法**（mini-decision approach）：小决策的累积能得出一个大的结论，通过让客户做出一些细小的决策来为最后的大结论做准备。如果你问："山姆，你觉得这栋办公楼里的会客厅跟我们之前看的那个比起来怎么样？"这个问题将很容易得到答案。然后继续你的下一个小问题。你也可以进逼一下他的决策心情，问他："好，你现在已经看了四套了，其中哪一套是你想要的呢？"做一些简单的小决策可以帮助目标客户更容易做出买房的决定。

给客户独处的时间

当客户对某处确切的房产产生积极的反应时，他们通常想和别人讨论一下。

当你们参观房子的时候，你需要给你的客户一些私人的交谈时间。“客户先生（小姐），我们一起参观了这座房子。现在你们可能对某些地方感兴趣想要再去参观一下并且需要相互之间讨论一下。”这是很重要的，如果他们需要，就给他们一些单独的时间吧。

许多共同决策者可能需要开展一个我所说的“集思广益会”。这仅仅是一个
160 澄清个人意见和使他们的期望变成一致意见的时间。承认这种需要，并且让它在看房过程中发生。为了安全起见，你可能希望他们在你的车子里或者在房子外面讨论，以确保卖方的房产和利益得到保护。

做一些准备工作，好的计划是没有替代品的。使看房的基调变得简单，并且创造出一个你最佳的工作环境。再怎么强调看房的重要性也不为过。因此，你应面对的不仅仅是目标客户，还有房产，并且你第一次或者前几次陪客户看房的效果将在你能否保持你和他们的联系中发挥关键作用。如果没有意识到这点，你就大错特错了，麻烦也会接踵而至。一些客户可能会一直容忍你直到一天的结束，但是他们可能再也不会回来。从客户的角度来说，这是你开始赚钱的地方，所以明确知道如何正确地展示房产是非常关键的。表 10—2 列示了本章叙述的看房指导原则。

行动指南

正如本章之前提到的，David Knox Productions（http：//www.David-Knox.com）提供给客户和销售者的 DVD 和录像带，使房地产买卖更加容易。其他来自 David 网站好的录像片还有《为你的房屋出售定价》和《准备出售你的房子》。

保证销售人员了解每一个看房反馈信息也是很重要的。http：//www.showingsolutions.com 是一个新的概念，它使得房地产经纪人能够在合作和提供房地产展示反馈方面使用虚拟现实场景技术。

161 **表 10—2　　看房清单**

1. 预看房产。如果你事先不看房你可能会无法卖出任何一套房。预先指出房子的缺陷。
2. 计划行事。选择恰当的路线，并在看不同的房产之间留出足够的时间。
3. 减少与卖方的接触次数。他们能不在场吗？
4. 控制整个看房活动。不要让卖方或者客户主导看房。
5. 别着急。让客户自主设定步伐。
6. 限制看房数量。记住比较（comparison）与思维混乱（confusion）是不同的。少看几处房产，然后坐下来谈论它们。
7. 让客户去比较不同的房地产。回顾每一套房子的优缺点。
8. 不要为房产辩解。
9. 观察客户。他们的反应是你的导向。
10. 让你的客户在不同房产的不同特色中做出决定。你的目的是为了引导他们做出最终决定。
11. 允许客户“慢慢来”，给客户一些独处的时间来比较自己的感觉。

小 结

162 在房地产销售过程中，看房是一个销售人员将他（她）的楼盘存货清单展示给那些有意向挑选符合自己需求的房产的目标客户的过程。

看房的首要作用就是进一步确认并更精确地确定客户的需要。看房的另一个重要的功能是找出这个房产的特点和优势，以及周围住的是什么样的邻居。看房能够吸引客户对于房产的兴趣并使其参与其中，并且能够充当改变买者兴趣的晴雨表。

有效的看房指导原则包括预看房产，提前制定看房活动计划，选择最佳的路线展示房产，分辨出谁是潜在客户的决策者，让卖方远离销售，并且一直控制看房活动。其他指导原则包括投入足够的时间去看房，限制买者一天的看房数量，让客户去比较不同的房产，不要为某个房产辩解，观察客户的反应，给客户时间去做决定并且给他们一些独处的时间。

复习题

1. 看房在销售过程中的总体目的是什么？
2. 在这个总体目的中，看房的四个目的是什么？
3. 怎样通过看房来进一步确认目标客户？
4. 为了满足客户的要求，一个重要的步骤是什么？
5. 销售人员如何使用看房指导原则引起一部分目标客户的兴趣并使其参与其中？
6. 看房如何充当晴雨表的角色？
7. 看房清单中的 11 条指导原则是什么？
8. 看房计划中，四个重要的部分是什么？
9. 为什么看房时避开卖方如此重要？
10. 在看房过程中，谁应该在看房活动掌握主动权？
11. 你如何做才能实现看房目的？
12. 为什么一个销售人员应该在看房前先预看这个房子？

163 13. 慢慢展示房产的两个原因是什么？

14. 一个销售人员一次应该展示多少套房子？
15. 让客户介入销售活动的好的方法是什么？
16. 当一个潜在客户批评一处房地产时，你该怎么做？
17. 为什么注意客户的反应如此重要？
18. 销售人员如何让客户做出买房的决定？

19. 为什么销售人员要懂得留些时间让客户单独考虑？

讨论题

1. 你还有其他技巧可以加入本章提供的看房指导原则中吗？
2. 有什么方法可以使销售人员能够始终控制看房过程？
3. 在你休息之前，你应该尝试展示多少处房产？
4. 作为一个销售人员，你在休息时应该做些什么？

情景题

越少越好？

弗雷德·约翰逊在你们地区是一个非常成功的销售人员。他在当地的房地产经纪人协会®开办了一个看房展示研讨小组，你是一个参与者。弗雷德提供了一个观点：有效的销售人员通常在每次交易中比那些不太成功的销售人员展示的房地产少。他是什么意思呢？

关于小孩？

特蕾西·施密特是你办公室里的最佳销售经理。她经常说，孩子，特别是幼小的孩子，在看房时应该被关在车子里。他们使父母分散注意力，而且在看房时经常很难看管好，所以特蕾西不赞成看房时带上他们。你如何看待这种观点？

第三部分

成交阶段：
协同各方 达成交易

第 **11** 章

处理异议和达成交易

关键词

167 行动式成交（action close）

咨询式成交（advisory close）

选择式成交（alternative close）

阶梯式成交（stair-step close）

假设式成交（assumptive close）

压迫式成交（urgency close）

本·富兰克林式成交（Ben Franklin close）

达成交易（close）

机枪策略（machine-gun approach）

购买信号（buying signal）

为什么人们会有异议?

在销售过程中，不同的人会提出不一样的异议。请注意，我们讨论的是那些可能被提出的异议。有时销售过程中几乎没有问题，但通常情况下，没有问题的销售仅是特例而不是惯例。这里所说的异议是相对于过去的评论而言的。异议需要高度关注，而评论也许只需要尊重和承认。一个成功的销售人员应当预见到自己将不得不处理异议，并针对现场情况运用计划周密的销售技巧。本章第一部分将讨论人们提出异议的原因，并提出方法来帮助你处理异议。

对大多数人来说，销售最困难的一个方面就是成交。本章另一部分将分析几种成交技巧和购买信号，以帮助你了解应何时促成交易。该部分还介绍了达成交易的原则。

在销售人员作出处理异议的计划或方法之前，他必须了解人们提出异议的原因。原因可能有许多，在本章中，我们将讨论常见的五种原因。

让销售进程慢下来

你是否曾觉得自己处于销售进展过快的情形？你有什么反应？赶快刹车！销售人员通常希望“销售过程一帆风顺”，并试图按照自己的节奏进入下一步。但
168 是，如果与预想不符，目标客户可能心生止意。从心理学角度理解，其中一部分人可能感觉被牵着鼻子走，他们会表示反对以保持他们适应的节奏。销售人员需要敏锐觉察目标客户的这种感觉，并努力对销售过程的推进做出调整。让目标客户感受不到危险，才能使他们放松，从而更加合作。

获取或保持控制

人们提出异议的另一个理由与前一个紧密相关。许多目标客户希望感觉到局势处于自己的掌控之中。你自己的感觉就能确认这一点。当感觉受到控制时，有些人会强烈反抗。记住，要保持控制，但不要用难以忍受的方式。引导和驱赶截然不同，你不应当表现得强硬、有侵略性，而应当显得从容、令人愉快。这样的态度会让你的买家和卖家更舒服，会更愿意听你说，接受你的建议。衡量一个房地产经纪人是否成功，不在于他是否能将目标客户置于自己的掌控之中，而在于他是否能帮助客户找到合适的房产。不要为了获得控制权而忘了销售目标，从而失去客户。

误解

你也许会问目标客户关于他们对一处房产和另一处房产的偏好。“您是喜欢第一处还是咱们看的最后一处，琼斯夫人？”“杰克逊先生，您是不是觉得这座农场的格局比咱们看的第一座好？”这些问题很合理，但如果目标客户不知道自己的感觉怎么办？他们心里可能会有轻微的恐慌。

买卖房地产很复杂，需要多方面考虑。除了你提出的问题外，目标客户还必须回答他们自己提出的问题：我做这件事正确吗？我是不是应该再等等？我买（卖）得是不是太贵（便宜）？所有这些因素都是客户的潜在问题和风险。

销售人员不得不找出那些因为客户缺乏了解而提出的异议。经纪人应当试着帮助目标客户获取所需信息并保证其真实性。异议的一个主要来源是缺乏自信。我们中的大多数人都曾经怀疑过自己是否有能力做出正确决定。通常销售人员会感觉到客户提出异议是为了延迟决定或延误决定。记住：你的客户首先应当对你有一个肯定的评价。如果你没有察觉到这个异议可能是由于对你缺乏信心而提出的，你也没有推动目标客户做选择，他们就可能向你提出反对意见，那样你才是真的遇到了麻烦！

隐藏真正原因

你是否曾在被邀请外出午餐时，因为不想去，所以说道：“非常感谢，但是

我已经有约了。”这种“善意的谎言”在房地产客户中也是十分常见的。可能有
169 人会对你说，这座办公楼单位面积的价格太高，而此时他/她想的却是自己能否贷到款，因为他/她只具有最低偿还能力。你固然要尊重客户提出的每一项异议并给予足够的重视，但别忘了，表现出来的问题不一定是客户真正关注的。

有效异议

有些异议是无法妥善回答的，经纪人既要承认这一事实，也要帮助客户认识到这一点。即使是合理的市场价格对购买者来说也可能会过高。如果对地域或外部设计有特殊要求，就不一定能找到合适的房产。你要记住，存在帮不上忙的客户和解决不了的问题。很少有销售人员能够做到从来未丢失过目标客户，或者妥善解决每一项异议——这种可能性几乎不存在。

如果出现合理范围内的问题，应当公开处理。没有必要否认问题的存在，因为在稍后的销售过程中它还会再次出现。向买家或卖家承认你被绊倒了，然后问一问能不能一起整理思路，找出解决办法。如果不能，那么你和对方应当再想一条最好的路继续行进。不承认问题存在或者不试着寻找解决办法，都是一种错误。

处理异议的五个步骤

多年来，有关销售的书籍和销售训练指南中一直提到**征服异议**（overcoming objections）这个词。我认为最好不要提出这样的暗示，即异议是某种你必须打败或摧毁的东西。当然，你必须处理它们，所以最好的办法是：针对如何处理异议，事先制定周密的计划。

这里提出的处理异议的五个步骤并非独创的或唯一的方法。这些步骤的关键词或顺序可能与其他销售书籍不同，但最重要的两点是，这些步骤简单易学，而且有用！销售技巧如果具备这两项特点，就会非常容易被接受和使用。如本书中所有指南一样，这个五步计划很基础，也很灵活，你可以根据自己的需要进行调整。由于异议是不可避免的，在实践你的房地产买卖之前，要做好处理异议的计划。

步骤 1：理解异议

销售人员必须努力理解对方提出的异议。如果布朗先生说：“这个报价有点高”，你怎么回答？回答该片区有增值可能？还是简要说明作为该房产业主的好处？仅凭一句简单的语句传递给你的粗略信息，你很可能想不到“正确”的回答；布朗先生的异议有太多种解释方式。未完全理解客户异议而做出的回答有可能会不着重点，并且会生出新的异议。

170 处理异议时，一定要记住，目标客户说什么并不重要，重要的是他说的话意味着什么。如果你不确定客户真正的异议是什么，那就应当寻找更多的信息。在向客户进行详细阐述之前，你要清楚地了解到他真正关心的是什么。这样做的另一个好处是，在解释过程中你可以从客户那里得到一些如何解决问题的观点。事

实上，大多数人都需要我们所能提供的所有帮助。在采取进一步解决措施之前，我们必须真正了解客户提出的异议。

步骤 2：尊重异议

在我知道的为数不多的销售人员类型中，有一种叫“机枪鸵鸟”。这种类型的销售人员面对异议时，通常会采用两种策略。他可能用多种回答来回应异议。这种**机枪策略**（machine-gun approach）假设如果你提出足够多解决异议的方法，总有一个能合理答复。与其花时间找到那个最好的回答，不如直接把想到的答案都提出来。

如果这个异议再次被提出，销售人员就像鸵鸟一样，完全忽略这个问题。毕竟如果他不作反应，对方有可能会忘记所提出的异议而不再关注。

幸运的是，在销售领域中这种“机枪鸵鸟”留下的并不多，而且数量还在减少。长期来看这种方法并不奏效。这种销售人员能够达成一些交易，但多数都在成交前折戟而归。异议如同野草一般，如果没有连根拔掉，它将不断继续生长。

有经验的销售人员可能会说，全新的异议越来越少了。但是，别得意。因为没有新内容的异议并不一定对客户不重要。要对客户关心的问题表现出尊重。不要轻视客户从而疏远他们。要向客户提供令人满意的标准化的回答，但要让这些回答听起来像是专门为特殊客户准备的一样。不尊重客户异议的销售人员，从效果上看就是不尊重客户，其必然结果就是失去客户。如果你真的希望帮助客户，并使其与你成交，便要关注他们提出的所有疑惑。

步骤 3：将异议变成询问

下一步是把异议变成询问。比如，看完一幢独特的房子后，格林夫人说：“我不喜欢那间主卧室。”她的销售人员早已懂得应该尊重她的异议并充分理解这一异议。为了将她的否定性陈述变成询问，销售人员回答道：“格林夫人，我非常想为您找到一套有着您满意的主卧室的房子。您看这个主卧室的问题是出在房间尺寸上，还是装修风格上，或者是它在房间中的位置上？”

用提问题的方式指出问题所在，有两个目的。第一，销售人员可以通过询问了解到自己是否把握了正确的方向。很明显，如果格林夫人不喜欢主卧室的装修，或者不喜欢主卧室的位置，她将给出明确的答案。通过把异议变成询问，销售人员将立即判断出自己是否正确理解了客户提出的问题，进而做出调整以找到真正的问题
171 所在。第二，通过询问，销售人员可以自然有序地进入下一个销售环节。

步骤 4：提供解决方案

人们提出问题是为了获得答案。根据第 1 章对销售的定义，作为销售人员，你的任务是解决问题。如果格林夫人在装修方面有异议，她的销售人员可以建议多种改变色彩的方案。如果问题出在房间尺寸上，销售人员可以建议改变房间结构或者将家人分到不同的卧室。此时销售人员的想象能够激发客户自己的创造力，从而找到解决方法。这些方法不一定会被客户接受。如果没被接受，不要喋喋不休。要在客户的帮助下，耐心地、坚持不懈地向着最佳解决方案的方向努力。

步骤 5：尽力达成交易

当你和你的客户已经找到解决异议的可行方案时，你应该试着达成这笔交易。你已经走过了销售的准备、试探、获取信任和展示阶段，并尽自己的最大努力和客户一起处理了遇到的异议和问题。下一步便是让客户做出决定，这个决定表现为达成交易（close），即努力让目标客户作出肯定性的决定。

表 11—1 列出了本章讨论的产生异议的原因和处理方法。

表 11—1　　**异议清单**

遇到异议很常见，也很自然，所以你要做好准备。
人们提出异议：
1. 希望让销售进程慢下来
2. 希望获得控制权
3. 因为人们不了解
4. 为了隐藏真正的原因
5. 因为人们提出的异议有依据
如何处理异议：
1. 试着理解异议
2. 尊重客户的异议和观点
3. 将异议变成询问
4. 提供解决方案
5. 尽力达成交易

172 花点时间考虑一下这些处理异议的方法是否对你有帮助。你可能希望针对自己的特殊情况或者针对不同个性的客户进行修改。如何处理异议是一项必要的技能。完善这项技能的唯一途径就是练习。

提升处理异议能力的好办法是，针对一套想象中的房产，把你能想到的所有异议写下来。然后针对每一个异议，用本章中提到的方法进行回答。请另一个经纪人或家人扮演买家或卖家，提出你写下的那些异议，由你口头回答。回顾你的表现，有必要的话作出改变。练习将改进你的技巧。如果你会在处理异议过程中出错，最好是在练习过程中出错，而不是在真正的销售中。

当然，练习替代不了真实经历，但是练习的确可以加快获得所需技巧的速度。不断练习这些技巧，直到你觉得用起来很自然，再看看它在你处理异议过程中有多大帮助。记住，没有无异议的销售，所以成功的销售人员应当针对出现的异议不断发展出新的策略。

达成交易

购买信号

当客户做好准备时，达成交易的最佳时机来临了。这看起来很合理，也很简单。但问题是，对销售人员而言，如何判断什么时候达成交易。如果能找到判断成交时机的方法，你就能提高销售成功率。购买信号的提出就是为了帮助你解决这个问题。

购买信号（buying signal）是指能表现出客户已被打动或将要购买的言词或行为。要谨慎对待购买信号，因为它们很容易被曲解，你也容易误判客户的某句话或某个行为，进而失去成交机会。注意关注这些信号，要学会觉察对方情绪，而不仅仅是向对方做出承诺。你可以从其他买家处回忆这些信号，甚至可能记得自己作为购买者时的一些表现。本部分中所举的例子描绘的是一些好辨认的购买信号，但并非全部信号，也不一定适用于每个人。有些购买信号也适用于卖家。关于购买信号的摘要，请参见表 11—2。

请记住要近距离观察这些信号，但不要过分依赖它们。虽然它们不是自动形成的“确定的事”，但购买信号确实能帮助你更好地读懂客户，增加你在合适时机成交的机会。

173 **表 11—2　　购买信号**

购买信号是指能表现出客户已被打动或将要购买的言词或行为。

例如，当客户有以下表现时：

1. 想再次看房：“我们能不能再去……”
2. 假设自己是所有者：“波比可以住那间小卧室。沙发放这儿最合适。”
3. 询问细节：“这处房子月付款是多少？”
4. 开始要求让步：“您可以留下这幅窗帘吗？”
5. 寻求支持：“这确实很好，是吗？”
6. 行为发生改变，变得积极或消极。
7. 提出批评：“您看看这是怎么回事……”
8. 仔细审查合同：“这部分是什么意思？”
9. 开始向其他人推销：“艾利丝，你会喜欢这个设计的。”
10. 询问下一步：“现在我们要做什么？”

再次看房

你可能会带目标客户去看你认为最适合他们的房产，但这套房产没想到并没给他们留下什么印象。然后，当看到其他房产时，他们开始倾向于最初看的那套。客户可能会花时间做出决定，认为第一次看的房产最好。这通常发生在你展示了最好的房产后不久；你的客户需要做些比较和确认。假设你有若干可选择的房产供展示，那么应该在什么时候展示最佳房产？有人对此进行了讨论，但没有得出始终适用的答案。一些人倾向于逐渐展示直至最佳，但有些人喜欢首先展示最好的。大多数情况下，我通常首先展示最好的，但这只是我的个人偏好而非一般规则。这种策略的确保证了更多的再次看房的发生。

成为所有者的心理暗示

有时，客户会按照自己的要求改变房产。例如，客户开始口头安排家具的摆放。我最爱举的例子是客户开始设计卧室。当我听到这样的话时：“苏茜可以住拐角那间卧室，这样宝宝离主卧室更近一些”，我知道这套房子离新主人不远了！

另外一个例子是，客户头脑里出现改善房屋的念头。当我的农场购买者开始讨论搭建栅栏，架起围鹿栏，或者耕种土地时，我的信心明显增加。

询问细节

当客户开始问到具体信息时，比如价格、月付款、担保、剩余动产等等，你
174 可以从他们的殷切关注中感到更有信心。他们可能只是好奇，但通常是在掩盖购买的念头。警告！在这个节骨眼上，要确保尽可能地提供准确信息。此时没有时间“估计”。

要求让步

潜在买家会想办法占上风。对控制权的渴望，事实上或想象中的买家角色，都是客户想购买的明显迹象。要注意对额外要求的妥协。像“您认为卖家会让步吗?”这样问题的有效处理办法，是给出类似如下的回答：“如果卖家让步，这处房产是不是比您看的其他房产更合您意?”另一种可能的回答是：“我们当然可以把这个要求作为您的条件向卖家提出。”大多数情况下，你不能也不应该正式代表卖家就额外要求进行答复。记住你的角色是谈判代表，而不是决定者。

寻求支持

买家有时会犹豫不决。他们可能会先让亲友看看房产。有时甚至会向你寻求鼓励或支持以做出决定。如果买家想让祖母、母亲、佛瑞德叔叔、银行家、律师或者会计师看房，要尽快通知他们。注意不要怨恨这些协助作决定的人，让他们得到应有的尊重。记住，你需要他们多于他们需要你。还要记住，你只能提出建议、忠告和策略给你所代表或为其工作的人（委托客户），而不是与你一同工作的人（买房者）。

行为上的改变

作为成功的销售人员，你应当敏锐觉察到客户在态度或行为上的改变。也许整个关系都很正式，突然你的客户很放松，打电话时叫你的名字，变得非常轻松友好。或者出现相反的情况，买家可能变得有些紧张急躁。不要认为在这两种情况下你应该说些什么或做些什么。这可能是买家面对做决定的压力时的一种处理方式。不要因为买家的改变而改变你的风格。现在你需要放轻松、冷静、掌控局势。不存在“没有压力”的销售，因为每一次销售都需要做决定。关键是别让自己成为压力源头。

批评

通常潜在的购买者会对意向房产挑毛病。虽然这种批评很值得尊重，但别把这种负面评论看做毫无疑问的销售失败的信号。多数人不时会对自己关心的人或事物提出批评。你可以查阅本章中关于异议的部分以增强理解。比起那些每样都喜欢却什么都不买的人来说，我更愿意和那些对所看房产提出问题的买家打交道。

175 **审查合同**

过多地关注合同本身可能是一种信号，表明客户的注意力已从做出真实决定转移到把决定固定到纸面上。不要过分强调合同本身，或者让合同妨碍客户的决定。这时事前的有效准备就该发挥作用了。如果你能清楚解释合同的内容（当然，不要提供法律建议），你的状况将好很多，而不会紧张并且说不清楚合同内容及其意义。实际上在房屋交易中，所有关于房屋尺寸和范围等的重要事项都需

要文件证明。合同是买卖过程中的一个常规部分。

客户向其他人推销

通常，当买方对一处房产表现得兴趣十足并且很兴奋时，他会开始向其他买家推荐。这时销售人员应当敏锐觉察到这一信号。注意倾听，了解买方看好这处房产的哪些方面。另一买家可能不同意，销售人员应安静而深切关注这一买家会提出什么异议，而不需要亲自询问。当然，最好的状况是所有买家都在向其他人推销。这将传递给销售人员很明显的购买信号。

在第10章“介绍房产”中，我们提到一条原则，要给客户一些单独考虑的时间。当“向其他人推销”的购买信号产生时，要让客户有单独考虑的时间，这时你别走远，以便观察他们各自的感觉。

询问下一步

经常有目标客户开始关注未来事务。即使不直接问“下一步是什么”或者“现在我们做什么”，意向购买者也会表现出这些想法。机灵的销售人员会大致描述出有利于推动销售进程的后续活动。此时，销售人员必须信心十足地前进。

成交技巧

成交是销售过程中的正常环节。有效的成交技巧并没有什么深奥的、难以发现的秘诀。成功的销售人员的成交过程很简单，就是在他们觉得客户已经做好准备时促成交易。购买信号帮助销售人员分辨成交时机。未受过训练的经纪人也许表现出迟疑或者缺乏自信，因而没能把握住成交时机。或者更糟的是，销售人员可能过度补偿并过度运用销售技巧。这两种方式都不太有效。

在本部分，你将复习一些已被证实有效的成交技巧。首先，商定成交的定义就很有用。成交，在这里是指为获得对所提供的某种产品或服务的有利决定而作的努力。买方或卖方可能不需要你的服务或产品，当然这也是一种结果，但不是你希望得到的结果。你无法保证每一次都能达成交易。关键在于你有几种可选择的方法。本章中举出了8种方法，参见表11—3。

176 **表11—3** 成交技巧

成交是销售过程的自然结果，是为获得对所提供的某种产品或服务的有利决定而作的努力。

成交技巧的类型

压迫式——当事实确如你所说时才能使用
选择式——“不是……就是”的方法
阶梯式——每次向前一小步
咨询式——利用外部专家
假设式——不是如果成交，而是何时成交
行动式——向前推进
本·富兰克林式——列出优势和劣势
请求客户购买——当其他方法都不起作用时

压迫式成交（urgency close）有时是一种有效和有力的成交技巧。在这种技巧中，销售人员让客户当场作出决定，或者指出迟延决定的风险。如果事实如你所说，那么使用这种技巧不会对客户产生负面影响。房地产交易中充满了错失交易的故事和因为没能及时决定而痛失心宜房产的人。当然这种方法应尽量少用，除非有正当理由。如果你使用得当，可能挽留住一笔交易。但如果你的客户没得到想要的房产，你再与其成交的机会可能减少，因为他们也许会将一部分责任归咎到你身上。

如果有合适机会，我会说类似“乔-卡洛尔，慢慢考虑吧，这毕竟是一个重要决定。但如果因为其他人也要买而妨碍你进行后面的考虑，别加怪于我”这样的话。

选择式成交（alternative close），又被称为“非此即彼”式成交，是一种可在多种情况下使用的成交技巧，因为它降低了买方的决策难度，也相应减小了买方面对多种选择时的压力。

当然，在下列情况下很少有人不会脸色苍白：“卡尔先生，难道您愿意省下 35 000 美元，仅支付 5 500 美元成交费用，然后在今后 30 年中多花超过 200 000 美元的利息来买这套房子吗？”如果这样说，大部分人可能会放弃交易。选择式成交是让人做一些较小的决定。例如，“尼尔森先生，您觉得 15 号入住是不是比 1 号入住更好一点？”以及“您看我是安排您今天下午见信贷员合适还是明天见合适？”如果买方能决定较小的问题，你知道这将增加他购买的可能性。

与选择式成交类似的是“**阶梯式成交**（stair-step close）”，它建立在前一章介绍房产的技巧基础上。这种方法就像在山上开车。如果能直接上去当然更快，
177 但是那样你将遇到很大的重力阻力。你必须通过盘旋慢慢上山。这种情况同样适用于阶梯式成交。你可能希望客户快速做出决定，从而加快销售进程。这对大多数人来说很难，所以要让他们在尽可能轻松舒适的环境下做出重要决定。第 10 章提到过让客户对看过的房产进行比较。如果他们一时无法完全比较，就把比较内容拆分成较小的问题——对具体要素进行比较。在这期间，你一步一步地知道他们最终决定买哪一处房产。很明显，你让客户如其所愿地每一次迈上一个台阶，但你需要有效地将一项重大决定分成很多小决定。

咨询式成交（advisory close）在某些情况下是很有效的。在这种方法中，客户在决定是否购买前，会听取他们信任的人的意见。记住，有些客户想让祖母看看房产，因为他们需要支持。你应当尊重他的祖母、注册会计师、住宅建筑业的朋友，以及其他所有被选作顾问的人。让那些“外部专家”帮助你达成交易。不要怨恨这些提出参考意见的人，或者阻碍他们向客户提建议，否则这些人可能会破坏你的交易。有时你必须为客户寻找顾问。可能是评估师，可能是审查服务人员，或者是对居住在这里感觉很满意的邻居。支持提建议的人，但别忘了卖出房子仍然是你自己的事。

与其说**假设式成交**（assumptive close）是一种特定的成交技巧，不如说是一种销售方式。它可以被看做“不是如果成交，而是什么时候成交”的成交技巧；意思是假设最后会成交。从你第一次接触客户，你就用一种预料到能够成交的方

式接近他们。这种方式也可以帮助你证明客户对这笔交易是否有诚意。你要一直让客户知道下一步该做什么，对解决细节问题充满信心，并且向着达成交易的方向前进。

类似于“一旦你给我必须的证明材料”或“在我们找到适合你的位置以后”这样的表达，会传递出明显的自信心。读完这些关于成交的内容以后，你将更加了解这一点有多么重要。看，它成功了！

行动式成交（action close）假设进攻是最好的防守。这种技巧不是要施加过多压力，但比其他技巧的风险稍大。行动式成交是给买方或经纪人安排一些活动或任务。经纪人说：“买方女士，我们需要打电话预约信贷员来申请贷款。我会把时间约在您正好在这的时候，看看咱们什么时候能确定预约时间。”如果客户没有反对或者阻止经纪人打电话，这种成交技巧就起作用了。另一个例子是，销售人员要求目标客户看看什么时候他的律师能对所提出的定金合同报价进行审查。如果客户同意联系律师，这次促进成交的努力就成功了。

本·富兰克林式成交（Ben Franklin close）在达成交易过程中也很有效。这种方法首先是把房产的所有优点列在一张纸上，在纸的另一面列上所有缺点。这种“加减式”分析使买方专注于每处房产的价值和不足。这种聚焦通常能促使人做出决定。

最后一种成交技巧是直接**请求客户购买**（ask prospects to buy）。当你不知道还能做什么时，把这项技巧作为最后的援助。这是一种赌博，因为如果客户
178 说不买，你只能从某一销售环节重新开始。然而，有些人需要这种刺激来做决定，而你的请求正好把他们从死点中拉回来。在某些情况下，请求客户购买很重要。

成交原则

之前提到的成交技巧是可供选择的具体方法。无论使用哪种成交策略，都要混合使用以下几条基本原则。

不要过度销售

你过去曾经决定购买过销售人员正在推销的东西吗？有一个古老的故事，说的是一位客户打断销售人员的话说道：“我买下来”，但他却被告知：“您现在还不能买，因为我还没说完呢！”这个故事有一定的道理。不幸的是，随着房产的每一处特色被逐步告知，销售失败的概率不断增加。即便你不记得其他所有原则，也要记住这一条：当客户决定买下来时，停止继续推销。

当客户做出购买决定后，你要把精力集中在合同细节上。当合同审查完毕后，向客户表示祝贺以巩固他们的决定，并告诉他们下一步将做什么（提出报价等等），与他们确定再次提供相关信息的时间，然后离开。千万别冒险做那些你不熟悉的事。你可能说错话，导致他们在你离开前收回报价！现在你已经做了所有能为买方做的事。进入下一个销售环节吧。

充满自信地达成交易

多数人都不常做出买卖房产的决定。生活中我们不会经常买卖房产。在做这

样一个重要决定时感到紧张是可以理解的。没有信心的销售人员只会使问题复杂化。面对一个看起来不知道在做什么的销售人员，你会有多大信心？

如果你一定要说："我不知道"，请加上这一句："我马上了解清楚。"这时你添加了积极的行为方式。即使你确实很紧张，那么表现得轻松、自信、有成就感，可以帮助你向摇摆不定的客户走得更近。

保持兴趣和积极性

让客户的热情降到冰点的简便方法之一就是漠不关心。尽管销售过程对你来说也许只是日常工作，但对客户来说却不是这样。如果能让你的客户感觉到你真正关注他们感兴趣的地方和他们的需要，就会更容易成交。对销售人员而言，一个好的经验是，让你表现出的关注和激动程度与客户的表现一致。

179 **在成交前解决异议**

没有人以掩盖或忽略客户的异议为目的。如本章前面提到的，在尝试达成交易之前，你应当解决好客户的异议，否则这些异议迟早会再出现并破坏你的交易。未解决的异议会导致很多购买意向被收回，造成交易失败。异议对你来说不重要，因为它们不是你提出的异议，它们是你的客户提出的。而且花的钱也是客户的，所以要尽可能地解决这些潜在的问题。

费用可能是你们讨论的一个重点。如前所述，它们是卖方关心的主要问题。对买方来说也一样。表 11—4 列示了一个买家的成交费用。表 11—5 是对成交费用的解释。专业的销售人员必须事先做好准备，并在这个过程中自信而有力地做出说明。当然，你应当确认这些费用是现有市场通用的。

不要急于成交

如同花太长时间达成交易一样，没有花足够时间促成交易也是错误的。要让客户设定节奏。他们应当对做出决策有可控感。如果客户感到被强迫或被操控，这笔交易可能无法达成。多数销售人员都不可能拥有太多忠诚的客户，那是一种奢侈。别表现得过于紧张去"催促他们赶紧结束"，否则客户会怀疑你是否真的在乎他们。很显然，需要在这种情形和过度销售中找到一个令人愉快的平衡点。

你可能要问："既然如此，我应该什么时候商定成交？"最明确的答案是在客户准备好时成交。试着了解客户的兴趣所在和兴奋程度。一些成功的销售人员喜欢在还在看房时商定成交。另一些销售人员则利用回办公室路上的时间来增强客户的购买决心。没有绝对的"神奇时刻"，但很明确的是，最佳时机取决于客户是否做好购买的准备而非销售人员。

别让客户犹豫不决

最后一条原则很重要。你必须一直努力让和你一起工作的人保持积极的、行为导向的状态。让你的客户感到迷惑和不确定对交易很不利。在和客户打交道时，试着营造一种正在进展中的氛围。即使你只是安排另一个时间和他们见面或有另外的材料要给他们，至少正在发生些什么。很多人只能容忍少量不知道的事情存在，否则会拒绝这种状态并转向一个心理上更舒适的环境。如果你几乎没有给客户提供信息，你的客户可能会反应过度并从小事情上找出大问题。每次谈话时试着达成一些结论。

这里提到的每一个关于成交的原则都可以根据具体需要作调整。当然，不是每一条原则在每一种情况下都同样起作用，但它们可以有效地帮助你进一步接近成交。成交不需要面临重重压力，除非参与者（销售人员和目标客户）不想或者不能改变。几乎没有销售人员愿意被认为是激进的。现在的消费者需要些新的东西，优秀的销售人员要能适应他们的要求。

180 **表 11—4** **测算买方成交费用**

买方	房产地址		日期		制表人	
	退伍军人署（VA）方式	联邦住房署（FHA）方式	普通房贷方式	现金方式	买方承担已有房贷方式	业主自己操作方式
贷款手续费				350.00	0	0
评估费（2）	350.00	350.00	350.00		0	0
承押人保险费	40.00	40.00	40.00	0	0	30.00
记录费	18.00	18.00	27.00	5.00	9.00	9.00
信用报告	35	35	35			
测量费（3）	不超过 65.00	不超过 60.00	75.00		0	0
第三方托管费（平均）	0	40.00	40.00	40.00	40.00	40.00
照相	0	7.00	10.00	0	0	0
限制条件（每套）	0					
备忘录 & 信托契约		150.00	175.00	0	0	0
私人房贷保险费（1/2至2%）	0	0		0	0	0
私人房贷保险评估费	0	0	20.00	0	0	0
律师费（如有第二顺位留置权）	0	0	0	0	150.00	150.00
税费和保险费（1）	0	0	0	0	**	
贷款申请费						
检查费						
成交费用总计						(A)

售价 ______美元
定金 ______美元
贷款额 ______美元
分____年贷款，占
总价格____美元的 ______%
本金和利息 ______美元
税 ______美元
意外保险 ______美元
私人房贷保险费 ______美元
预计月供 ______美元
A ______
B ______
C ______
预计搬家费 ______美元

买方预付款（预计）

(C)

首年意外保险	
当月意外保险	
预留双月税费	
当月私人房贷保险费	
预付利息	
合计	(B)

（1）* 以成交时数字为准。
（2）** 可由卖方支付，但通常由卖方支付。
（3）*** 测量费根据不动产情况可能有所不同。
注意：上述费用仅为预计，此项服务为免费提供。成交时费用会有所不同。

181　**表 11—5**　　**买方成交费用的说明**

贷款手续费（loan origination fee）——由贷款机构收取，用于处理贷款。通常用点来表示：1 点等于贷款的 1%。
估价（appraisal）——按公平市场价值评估，多用于协助贷款机构确定房屋贷款额。
承押人保险单（mortgagee policy）——贷款机构发放贷款时签发的保险单，以保护放贷方不因有问题的所有权造成损失，通常和给买方的产权保险单一起发放。
记录费（recording fees）——为记录本次交易并使其更加完善以作为公共记录的费用（记录新业主姓名、新抵押、留置权等等）。
信用报告（credit report）——用于支付本地信用报告服务的费用，以获取信用记录，帮助贷款机构测定借款人的资格。如果信用记录在外埠，还会有附加费用。
测量（survey）——有资质的测量机构关于准确房屋边界的检测报告，篱笆线、附属房产和侵占物等等也会包括在报告中。
第三方托管费（escrow fee）——支付给第三方托管人用于处理交易和监管定金合同中所有条款是否执行的费用。
限制条件（restrictions）——建筑示意图副本和房产上的转让限制，由开发商和前业主提供。
票据（note）——写明债务和偿还条款的书面约定。
信托契约（deed of trust）——对用票据借款购买的房产建立抵押留置权的协议。
私人房贷保险费及评估费［PMI（private mortgage insurance）fee and appraisal］——支付给抵押保险公司的保险费和评估费。这种保险保护贷款人不因疏忽而受损，并允许买方支付不超过 20%的定金。
转移费［transfer fee（VA and FHA/conventional）］——如果买方采用现有抵押，贷款人将收取该笔费用。通过这一过程将房屋所有权由贷款人持有转为买方持有。
律师费（attorney fee）——用于支付成交过程中的律师费用。
税费和保险费（prorations of taxes and insurance）——对买卖双方各自应负担的税费和保险费进行划分。例如，卖方通常不会结清未开出账单的税费，但买方则希望这笔费用能在成交时结清。
贷款申请费（loan application fee）——由借款人（抵押公司）向提供担保抵押以购买房产一方收取。
检查费（inspections fees）——用于支付查看房屋是否存在白蚁的检查费，一般使用经许可使用的杀虫剂。
成交费用总计（total Closing costs）——上述所有费用的总和。

182　顺利达成交易的能力对销售来说非常重要。在这一环节中，你开始赚钱了。努力提高你的成交能力吧，这样将增加你的销售效果。

行动指南

RESPA 网站提供了关于借款人和房地产相关交易费用的极好的信息，网址是 http://www.hud.gov。对房地产经纪人而言，熟悉联邦房地产过户程序法案（Real Estate Settlement Procedures Act，RESPA）及其他有利于在房地产行业获得成功的信息很重要。

小　结

183　在销售过程中，房地产销售人员应当预见并准备好处理**客户的异议**。出于多种原因，客户一般都会针对具体房产提出意见。他们可能用这样的方式使销售人员的介绍慢下来，或者是想获得或保持对场面的控制，这是因为他们对某些情况不了解，或者还无法决定是否购买这处房产，又或者是因为他们对房产提出的意见是有依据的。

销售人员可以通过如下方式有效处理异议：了解提出异议的原因，尊重异议，将其变成询问，然后提供解决方案，试着达成这笔交易。

进入成交环节时，销售人员应当注意觉察**购买信号**，即能表现出客户已被打动或将要购买的言辞或行为。这些信号可能包括：买方再次查看房产；表现出自己拥有这处房产的心理；询问细节，要求让步，或者寻求支持；行为上有所改变；批评；仔细审查合同；向其他买家推销。

成功的成交技巧包括：压迫式成交，选择式成交，阶梯式成交，咨询式成交，假设式成交，行动式成交，以及直接请求客户购买房产。

成交的一般原则包括：避免过度销售，充满自信地达成交易，保持兴趣和积极性，在成交前解决异议，避免急于成交，避免让客户犹豫不决。

复习题

1. 人们提出异议的四种原因是什么？
2. 本章提到的处理异议的五个步骤是什么？
3. 将异议转化成询问的两个原因是什么？
4. 为什么应当在这个时候促成交易？
5. 提升处理异议能力的有效途径是什么？
6. 什么时候是促成交易的最佳时机？
7. 常见的九种购买信号有哪些？
8. 什么迹象表明你的客户已经把房产当做自己的了？
9. 推荐使用的应对对方要求做出让步的方法是什么？

184

10. 如果客户想请外部专家看房，你应当怎么办？
11. 如果客户向其他人推销自己正在看的房产，你应当怎么办？
12. 达成交易的 8 种方法是什么？
13. 使用选择式成交有哪些有利之处？
14. 假设式成交这一概念的基础是什么？
15. 直接请求客户购买的风险有哪些？
16. 成交的六项基本原则是什么？
17. 客户做出购买决定后你应当做什么？
18. 为什么建议你完成交易后不要无所事事而要去拜访客户？

讨论题

1. 你认为客户为什么会在销售过程中提出异议？

2. 除了本章中提到的处理异议的技巧外，你能再想到一些吗？

3. 为什么说成交是处理异议的重要部分？

4. 你从自己和别人那里还能找到其他购买信号吗？

5. 除了本章中提到的成交技巧，你还可能用到哪些？

6. 前文提到的成交类型中，哪些是你喜欢用的？哪些是你不喜欢用的？为什么？

情景题

选择正确的成交方式

柯克斯一家（the kirks）第一次买房子。看上去他们相中了你展示给他们的那套，但对是否购买有些犹豫。根据你的判断，这处房产满足了他们的需要，而且他们也能买得起。你怎样去达成这笔交易？

现在怎么做？

塞缪尔·保罗和查理·迪伊（Samuel Paul & Charlie Dee）认为特拉维斯路 6339 号是你推荐给他们的房产中最好的一套。他们已经商量好提出报价。现在你应当做什么？

第 12 章

提出报价及还价谈判

关键词

185 成交（closing）
还价（counteroffer）

提出报价

当经纪人从客户处获得报价时，就离成交更近了一步，当然，这并没有结束。如果买卖双方不能达成一致，就无法成交。如果没有成交，经纪人很可能会颗粒无收！

本章的首要目标是介绍向卖方提供买方报价的原则。第二个目标是提出商谈还价的原则。如本书中很多内容一样，这些原则很有效，并且可以根据个人情况进行个性化处理。

大多数销售人员都有强烈的冲动想离开意向购买者然后立刻打电话给卖方，告诉他对方提出报价的消息，这可能犯下销售过程中最大的错误。提出买方报价是销售中一个很微妙并且有时很难处理的环节。以下是一些用于提升销售有效性的方法。

做好提交计划

分析报价

在销售中，没有什么可以替代有效的计划，这一点在报价阶段当然也适用。花点时间来回顾和分析买方的报价。它的优势和劣势是什么？买方的承受能力是多少？怎样提出才最恰当、最有利？卖方最可能反对的是哪几点？这些问题需要仔细考虑。然而，别曲解这条建议，因为你不应当毫无必要地延迟与卖方签订合

186 同。毕竟卖方可能在你提出报价之前接受另一个报价。同时，不要在没有准备好的情况下冒进，因为在提出报价前确实有很多细节需要仔细考虑。

本章中提出了这些初步任务，并将其浓缩在表 12—1 的清单中。这样在提出报价前你可以很容易就看到。你也许想在清单中增加更多内容。

表 12—1　　**提出报价**

卖方经纪人

1. 我是不是已经仔细看过这份报价并确认理解了买方的真正意图？
2. 这份报价填写得完整正确吗？
3. 买方在报价上签名了吗？
4. 我收取定金了吗（如果可以的话）？
5. 我联系过房源经纪人吗？

房源经纪人

1. 我是不是已经仔细看过这份报价？我理解了吗？
2. 我是不是已经收集了卖方的完整信息（完整的交易费用说明、现有融资条件等）？
3. 我是不是已经和卖方经纪人一同做出提供报价的计划？
4. 我怎么与卖方联系？

和其他经纪人共同审阅

如果有其他经纪人参与，你们都要审阅这份买方报价，确认每个人都理解其中的细节。你们应当检查这份报价以确保书写正确、完整。准备好所有补充材料。反映卖方财务状况的最新交易费用说明也要准备好。毕竟多数卖方关注资产净值甚于关注卖价。只有当卖方能够了解底线时，他才能对接受或拒绝这份报价做出正确的判断。

另一个重要的准备工作是不断更新市场行情。如果有可比性的几处房产正在出售，或者其他房源最近已售出，这些消息应该准确传达给卖方。大多数交易都不是发生在真空里；相反，它们反映了现在的市场情况。供求之间的互相影响应当告知卖方，使其基于可靠信息做出决定。

准备提交报价过程中有一个很重要并通常被忽略的部分，那就是参与这次销
187 售的经纪人之间的关系。交易中涉及的房源经纪人和卖方经纪人及其各自所在公司要对各自应扮演的角色有着清楚的认识。双方经纪人如果处处针锋相对，最后只会两败俱伤。毕竟，双方的目标只有一个——公正的价格和顺利的交易。在见到卖方之前，经纪人们必须解决所有问题，包括：谁去提出报价，谁去对报价做出解释，等等。销售人员在买方或卖方面前的任何冲突都有可能减少接受报价并达成协议的可能性。要事先计划好这件事。

联系卖方

尽可能地私下提出报价。当房源经纪人联系卖方时，卖方会立刻想知道这份报价的所有细节。为避免这个问题，可让秘书或办公室内的其他销售人员打电话

安排你和卖方见面，因为这些人可以诚实地说他们不了解报价内容。要避免在电话中讨论细节，除非没有其他选择。

保持控制权

报价最困难的方面之一是保持控制权。卖方由于感到有压力，多数情况下希望控制局面。尽管在提出报价或保持控制方面没有最好的办法，但仍然有一些较好的方法可用。

一种方法是在纸上写下提出报价的计划。这样可以让你清楚地了解如何一步一步地说明报价。与卖方分享你的方法，这样你和卖方就会知道各个话题应按什么顺序进行讨论，避免从一点跳到另一点。很多优秀的销售人员会从指出报价中的一两点好处开始。报价中很可能有一些可取之处，例如价格或接管日期。在提出报价的最初阶段首先强调这些可取之处，以定下积极的氛围，而不要立刻就从谈判中的尖锐问题上“挑起战争”。这种方法可以帮助你保持谈话按计划进行。表12—2举了一个例子。

表12—2　　买卖双方会谈纪要

卖方：波莱特·贝迪博士

报价人：道格和芭芭拉·斯通
经纪人：温迪·贝丝和维姬·佩尔克，全美房地产协会会员

1. 向贝迪博士介绍温迪（温迪是百万富翁俱乐部成员）。
2. 更新——在该街区相同楼层出现新的待售房源。比这份报价低2 500美元。降价似乎更稳妥。抵押贷款可用。
3. 买方资质（请温迪协助）。稳定的工作，足量的存款。将由抵押公司证实。
4. 报价细节。用现金支票支付足量定金。合适的成交日——可根据卖方需要进行调整。不需要该房产中的火炉和冰箱。
5. 成交？

放松一点！

让卖方了解最新市场行情

如前所述，当审阅报价时，销售人员很难立刻回答卖方关于“价格是多少”的提问。在回答这一问题之前，你应当让卖方了解房地产市场的最新动态。如果卖方认为报价不切实际，那么他们已经做出了决定。这时你应该试着说服他们客观地评估这份报价。如果你事先提出所有相关情况，卖方便能基于完全可靠的信息考虑这份报价。

即使行情不好，你也要向卖方提供准确的和最新的市场信息。尽管卖方听到坏消息后的第一反应可能是“枪毙这个报信人”，你仍有义务向卖方传递这些信
188 息。卖方如何考虑这份报价取决于他自己，你不能控制他的反应，你所能控制的是调查现有状况并告知卖方。

将报价个性化

每个人都喜欢感觉特殊和独特。在与自己相关的问题上，我们通常都不是"一般人"。优秀的销售人员了解这一点并通常会在提供报价时将其个性化。有几种方法可以做到这一点。一种是告诉卖方一些关于买方的信息。有经验的经纪人能让卖方以更宽松的条件或更低的价格出售房产，因为卖方"对买方产生了好感"。

提供一些买方的信息还有另一个目的。它可以帮助卖方了解对方的经济状况。知道买方已经做好准备，愿意并且有能力购买，这很重要。但不是让你公开查询买方具体收入的历史记录，而是让你确信无误地告知卖方报价人的相关

189 情况。

使报价个性化至少还有一个技巧：站在卖方的立场上解释和审视这份报价。以卖方关心的角度来看待这份报价将使你更能感受到卖方的感觉。尊重卖方的特定立场能确保卖方和你保持一致。这时，卖方肯定认为你很赞同他们的要求，并真心为他们考虑。在很多情况下，卖方就是付钱给你的人！作为经纪人，你的义务是对你的委托人负责，此刻，这项义务将比它在销售中的任何环节更加明显。

回答卖方的所有问题

卖方在获得对方报价期间一定会提出问题，这几乎是不可避免的。要尽可能完整、准确地回答这些问题。不管事实如何，回答客户的问题理所当然。在销售的谈判阶段，对问题不作解答显得尤为危险。

如果销售人员缺乏必要信息去回答某一问题，最好延迟答复。一种延迟技巧是："我将调查后答复您"；另一种是不接话题或暂时不去回答。无论哪一种方式都使卖方对于未解答的问题无从了解。人性促使人们开始担心和细想那些未知情况。这种忧虑可能使卖方延迟出售，或者更糟——停止出售房产。协同各方达成交易将在下一章进行探讨，但在这一点上，解答卖方问题很重要。

销售成交

很明显，告知卖方报价的目的是完成销售。第 11 章提出了一些有效的**成交**（closing）技巧。除此之外，至少还有两条针对买方报价的建议。

以不再为此操心为促销手段

这种方法是告知卖方如果接受报价，就能结束这次出售。卖方就可以休息并进行其他事务。目标客户和经纪人不可能一直只是展示房产。没有必要忧虑地等待更多报价。很多卖家都希望卖出房屋，用这种方法引导他们接受报价有利于促成交易。

变卖方为买方

这种方法是指出拒绝报价的后果。假设卖方用远高于买方提出的报价重新买

回他/她的这处房产，卖方会“顺利买下”吗？通过让卖方这样考虑问题，你可以更好地帮助卖方做出正确选择。

190 **保持冷静！**

当卖方希望卖出房产时，他经常会有压力。如果此时再遇上一个过于兴奋的销售人员，这个问题可能会更加严重。卖方希望你对他的房产保持关注但又要独立思考。如果你带着感情色彩被拖入卖方的问题之中，你将丧失客观性，也将没有能力提供清晰、准确、专业的服务。

优秀的销售人员应当为卖方在压力之下的行为留有余地，并且注意避免让自己对愤怒情绪或污言秽语做出反应。记住：目标不是赢得胜利却失去订单。以有计划的、思维清晰的状态提出报价，是经纪人为客户提供的最佳服务。

还价谈判

有时，如果卖方拒绝了买方提出的报价，经纪人可以劝说卖方还价。虽然不如达成协议好，但**还价**（counteroffer）当然比拒绝谈判好。你应当告诉卖方决定还价的重要性。在大多数情况下，还价可以推翻最初的报价并让买方无条件地完全收回报价。

当此种情况发生时（尽管它经常发生），有一些原则需要考虑。关于成交和提出报价的建议以及其他销售技巧仍然可用，但还价谈判稍有不同。正因为这些不同之处，此处提出了一些处理这项任务的要领。

避免在谈判中带有个人情绪

在前文提出报价部分我们提到使报价个性化的重要性。在还价阶段，你仍然要找到双方的真正需要。然而，不要陷入个人冲突中。如果卖方开始相信买方正在试着窃取他的房产，并且买方坚定地认为卖方也同样不切实际，这笔交易就遇到麻烦了。此时，相对于压倒对方而言，达成这笔交易成了双方的次要目标。你应尽力以积极的方式表现出双方对这笔交易的兴趣。如果双方感觉到彼此都真诚期待合理的谈判，销售人员的工作难度就会大大降低。

参与其中的经纪人在谈判中必须摈弃偏见。记住你的角色是顾问和代理人，而不是最后的决策人。这不是你的交易，你只作为谈判代表参与其中。你要保持头脑清醒。

只处理分歧

当卖方针对买方提出的报价进行还价时，卖方对整个合同都不满意的情况非常罕见。通常只会认为报价中的某些部分难以接受。优秀的销售人员会将谈判集中在这些分歧上。注意不要对已经达成一致的观点再次发起讨论，因为这样做会
191 再次改变这些观点，从而使谈判进一步复杂化。在某一问题上取得进展后，要引导买方或卖方结束这一话题。

聚焦真正的需求

大多数房地产交易的谈判内容都已划定：价格、接管日期、动产以及融资条款。理想情况下，买卖双方会就这四项内容逐一讨论，但实际上很少这样进行，至少在谈判初期不会。谈判双方不太可能对这四点抱有同样的热情。销售人员的任务是帮助客户决定谈判中优先要解决的问题。帮助客户找出哪些方面对他们最重要，可以使销售人员洞察到双方在哪些地方可以妥协。只有清楚了解双方最重要的需求以后才能做到这一点。

例如，卖方可能需要一个灵活的成交日期，因为搬家计划还未确定。如果买方能够对此进行调整，但需要减少首付款数额，也许双方均能使彼此受益。

把注意力集中在报价上

在谈判中期，买方或卖方通常会试图拖延决定。这种拖延可能是故意的，也可能不是故意的，但销售人员应当预料到并对此有所准备。例如，有些卖家谈论到另一家有多么喜欢这幢房子，并可能想购买。又如，即使买方已经看过最近两年待售的所有房产清单，并认为现在这幢是目前为止最合适的一处，经过思考后他还有可能认为会有其他合适的房产。销售人员应当协助买方或卖方对正在考虑的房产做出决定。要用积极的方式进行，否则将会对销售人员造成不利影响。如果买方或卖方感到有压力，他们会在心理上（而非行为上）逃避做决定。最终这处房产可能被卖给他人，或者买方收回报价，那么失去交易机会的一方会将其损失全部或部分归咎于销售人员。经纪人最好是帮助买方或卖方把注意力集中在手边的报价上，根据其价值独立做出判断。

努力平衡分歧

谈判是舍与得的过程。所有参与方都必须乐于做出让步以成功达成交易。在还价阶段，当各方在一个或多个问题上持有不同观点时，这一点特别正确。此时销售人员应当察觉到销售进程中的这种微妙局势并保持双方的平衡。可以通过回忆小时候从跷跷板中学到的东西来做到这一点你可以在第 6 章“房源发布”中找到关于这项技巧的描述。如果站在跷跷板上的孩子体重不同，应做出调整以上下移动跷跷板。在处理还价过程中，参与方也应当乐于做出一些调整，否则销售进程将无法继续。

192 通过让双方各退一步，你能确保双方都不具备优势，达成交易就会出现“双赢”局面。让双方各退一步的另一个益处是随后可能产生较少的反感，因为双方做出了等量的让步。这个“量”不一定是指金钱的多少，而更可能是双方互有取舍。

如果各方在某一点上不能明确划分，通常也能通过细微变通达到相同目的。买方和卖方可以分解需求，让各方赢得一些利益。也许买方获得了一个较低的价格，而卖方获得了他想要的融资方案。因为每一方都做到了求同存异，最后的结果便是达成交易。买卖双方都有乐于接受这笔交易的理由。这一策略建立在买卖双方都从现实的角度进行谈判的基础之上。

●保持积极状态

在充满压力的谈判过程中，买卖双方可能表现出很多种举止。这时，保持积极态度对销售人员至关重要。没有什么比销售人员的愤怒、沮丧或向对方表示出的厌恶更能使问题严重化。要用积极的力量以及职业化的关注和鼓励服务于客户。

你也会发现在谈判中坚持不懈很具有挑战性。专业销售人员的一个标志就是当其他人已经放弃时，他还在不断尝试做成这笔交易。激进和坚持不同，但当矛盾看来无法解决时便自动放弃，是绝对无法取得成功的。保持积极状态并不断努力，有时做到这点很难，但很多成功都是来自于此。

表 12—3 总结了本节讨论过的还价技巧。

193 **表 12—3　　还价计划**

1. 远离个人情绪。
   不是每个人都愿意尝试这样做，你要做到他们中的“最好”。
2. 就分歧进行谈判。
   避免再次谈论已经达成一致的话题。
3. 关注真正的需求。
   你的客户最关心什么？下列哪些项目对各方至关重要？
   价格
   接管日期
   动产条款
4. 将注意力集中到这份报价上。
   不要让客户偏离当时当事。
5. 化解意见分歧。
   保持平衡。
6. 保持积极状态。

保持冷静！

提出报价和还价谈判对于未准备好的经纪人而言很艰难。考虑一下建议，并根据你的个人需要作调整。它们将增加销售谈判中各方达成一致的成功概率。

行动指南

访问 http://www.gostarpower.com，通过常见案例学习良好的谈判技巧和克服买方异议的方法。这个网站为房地产经纪人提供了极好的案例。订阅这个网站，你将每天收到如何处理谈判中买方和卖方提出的常见异议的建议。

小　结

提出买方报价是房地产销售中一个很微妙并且通常很难处理的环节。为了更有效地提出报价，你应当事先做好计划，尽量掌握这一过程的控制权，引导卖方了解最新市场动态，将报价个性化，回答卖方的全部问题，达成交易，并在全过程中保持冷静。

如果卖方拒绝接受报价，销售人员应当建议卖方向买方还价。在买卖双方进行还价谈判时，销售人员应该避免带有个人情绪，只处理具体的分歧，关注双方
194 真正的需求，将注意力集中在报价上，努力化解或平衡分歧，并在谈判中保持积极状态。

复习题

1. 为什么立刻在电话中与卖方谈论买方提供的报价细节不是明智之举？
2. 在制定提交报价的计划时，你应当考虑哪些重点问题？
3. 如果这笔交易中有另一个经纪人参与，你应该怎么做？
4. 怎样帮助卖方了解所有报价的底线？
5. 什么方法有助于保持提交报价过程中的控制权？
6. 首先提出报价中的一两点可取之处有什么好处？
7. 为什么要在回答“价格是多少”的问题之前向卖方提供所有相关信息？
8. 如何理解将报价个性化？你可以怎样做？
9. 告诉卖方一些关于买方的信息的两个原因是什么？
10. 为什么要尽可能完整准确地回答卖方的全部问题？
11. 提交报价过程中“以不再为此操心为促销手段”是指什么？
12. “变卖方为买方”的策略是如何见效的？
13. 为什么在考虑报价时保持冷静很重要？
14. 提出还价的意义何在？
15. 还价的六条原则是什么？
16. 哪些实例表现出卖方的拖延行为？销售人员应对此有所预料并事先做好协助准备。

195 17. 如果谈判双方在某一点上无法细分各自利益，有什么其他途径可以达到相同目的？

18. 为什么销售人员在谈判中保持积极向上的热情如此重要？

讨论题

1. 当房源经纪人向卖方汇报买方报价时，卖方经纪人是什么角色？
2. 提出报价时你应当随身携带哪些材料？
3. 为什么在谈判中让买方和卖方摈除个人情绪至关重要？

情景题

熟悉的形式

鲍勃·纽厄尔（Bob Newell）是一位著名的房地产专业教师和培训师。在向学生说明怎样提出报价时，鲍勃指出，如果已经向卖方提供了实际报价，就不要再让卖方面对任何新的形式。请解释这背后的原因并回答如何能做到这一点。

压力管理

鲍勃和莉萨·费瑟（Lisa Feather）是你两个最好的朋友。在向他们提出关于他们家农场的报价时（令人悲痛的交易），他们对你和这份报价表现得异常不满。对此你会作何反应?

第 13 章

协同各方达成交易

关键词

197 所有权凭证公司/产权保险公司（abstract/title company）
定金合同（earnest money contract）
估价（appraisal）
第三方托管人（escrow agent）
成交（closing）

销售人员的职责

缺乏经验的销售人员在完成报价和还价以后，可能会松懈下来，但是仅仅达成一致意见并不保证一定会成交。在所有权顺利转移之前还有很多细节要处理。本章着眼于销售人员为了最终完成销售而应当了解和注意的地方。

◎审查定金合同

买卖双方意见取得一致后，应当把意见书面化。记录一致意见的最常见方式是**定金合同**（earnest money contract），在某些地方又被称为购买协议、购买价格协议、临时购买契约，或一些类似名称。这种完整的经签署的形式设定了一份合法契约，该契约概括了合同细节，并要求将定金交第三方托管。有时，谈判中会提出好几个报价和还价，由于几次修改和重新起草，导致合同看起来很乱。为避免遗漏细节，比如一个新提出或新修改的可能影响交易的数据，应当准备一份新合同。参与这笔交易的经纪人必须确认这份合同准确反映了双方的意见。经验丰富的专业经纪人知道，和买卖双方一同从头到尾仔细审查这份临时法律文书的所有内容，是多么重要。

这样的仔细检查将确保这份合同准确记录下正确姓名、合法说明、条件等
198 等。谈判涉及的所有方面都应当被检查到。买卖双方签署合同后必然要承担相应义务，因此他们必须清楚地理解合同内容。

记住，有执业资格的经纪人或经纪公司不能提供法律建议。法律建议只能由律师提供。注意保持这一界限，如果你在对法律文件及其意义的理解方面拿不准，要赶快寻求帮助。在这个重要阶段，没有什么原因能成为你不需要帮助的理由。

销售人员应当准备足够多的复印件以便让参与各方都看到。当然，买方和卖方各需要一份，贷款机构、产权保险机构、所有权凭证公司也要送到。如果买方和卖方有律师，也应当给律师准备一份。不了解情况的人可能认为，在合同上花这么多时间看起来有些浪费，但把这项工作做得完善和彻底将会省下后期的时间和精力。

◎处理定金

在大多数房地产交易中，在各方签署合同以后便要收取定金。销售人员应当知道定金应尽快由合适的**第三方托管人**（escrow agent）——保管定金的个人或机构——来保管。当然，所有人都应了解并同意这一点，多数合同会明确规定出第三方托管人。很多买家认为他们的定金支票只需要简单地由第三方托管人保存即可，但实际上在合同生效之前通常应当写明支票的支付行。确认买方了解其在签发支票时银行账户里必须有足够的钱。

在某些情况下，对选择由哪一家作为第三方托管人或**所有权凭证公司/产权保险公司**（abstract/title company）来处理这笔交易的不一致意见可能会对交易的达成构成威胁。在由房源经纪人处理第三方托管和成交的情形中，这一点不太重要。然而，你要记住，关于这一点的谈判是由买方和卖方进行的。他们可能没有什么偏好，会向销售人员寻求建议。不允许因个人偏见损害买方和卖方的利益。

◎协助双方完成协议条款

如本章前面提到的，买卖双方为履行合同必须要承担相应义务。

买方的职责

大多数情况下，买方必须提交贷款申请。高效的销售人员应当收集到当地最新的贷款信息，包括最优惠的利率组合、贷款手续费及服务。选好贷款机构后，应当尽快预约提交贷款申请。很多销售人员会陪同买方一同前往。无论你是否参加，在预约前都要和信贷员确认一下申请人需要携带哪些材料。如银行存款额、贷款账号和存款账号等是每一份申请都要求提供的，如果买方第一次见到贷方时便提供了这些信息，就可以节省时间。银行卡和信用卡号码以及各卡内的负债多

数情况下也必须提供。收入证明也要求提供，如果买方是自己经营的，相关财力证明或者纳税申报单可能也需要。销售人员应在预约之前确保买方知道他们应该提供什么，以协助买方降低办理难度。

其他细节也要注意，例如新的保险单和公用设施存款押金，买方可能会因为兴奋而忘记。有经验的销售人员能意识到买方有忽略这些细节的倾向，应当做好指导和提醒买方的准备。很多经纪人向买方和卖方提供一份清单，如表13—1 所示，以确保没有疏漏。可根据具体情况增加或调整项目以适应你的需要。

199 **表 13—1　　交易清单**

对买方而言

1. 发送信箱地址变更通知。
2. 通知房东（如果可以的话）。
3. 获取公用事业存款押金：
(a) 水　(b) 天然气　(c) 电　(d) 电话
4. 取消以前的保险单，签订新的保险。
5. 安排搬家，包括搬家的时间和日期。
6. 安排运送新家具/设备。
7. 退还以前房屋的钥匙；领取新房钥匙。
8. 从孩子原来就读的学校里获取相关记录，并到新学校登记入学。*
9. 获取医疗记录；确定新医生、牙医等等。*
10. 转移银行和信用记录。*

对卖方而言

1. 发送信箱地址变更通知。
2. 协调搬家事宜。
3. 完成对房屋的检查和维修。
4. 获取公用事业存款押金：
(a) 水　(b) 天然气　(c) 电　(d) 电话
5. 修改保险单。
6. 移交房屋钥匙给买方。

* 如果换到新的地区需要办理的事宜。

200 **卖方的职责**

卖方也承担着某些义务。要安排好搬家工作，通知现有的抵押权人并向其清偿剩余贷款。如果定金合同中规定进行某处维修，应当完成。有时卖方倾向于延缓执行合同规定的义务。这种拖延交易进程的动机实际上可能是潜意识地不想离开这处房产，特别是如果曾在这里拥有过美好经历的话。无论因为何种原因延迟，销售人员必须了解卖方会坚持他们最后的交易协议的。

经纪人的职责

签署定金合同和移转所有权之间的时间间隔可能有所不同。有些交易只需要几天，有些交易可能需要几个月。销售人员有责任时时跟进这一过程。向信贷员查询买方贷款资质，持续关注房产**估价**（appraisal），并核实房屋检查是否完成，都是很重要的环节，销售人员应当把它们列入时间表中做好安排。如果你没有彻底控制这一过程，成交日只会变成发现你未完成某些事情的日子。

然而，不要把这种细节跟进工作做得过分到疏远相关各方的地步。销售人员的过度干预反而有可能不利于销售。毕竟，你的这笔业务不是信贷员、第三方托管人以及估价员工作安排中的唯一一项。你促使交易顺利进行，使过程更轻松，对此，信贷员、第三方托管人以及估价员和买卖双方都会感激你。做好交易进程报告，这样当你不在时，任何希望了解相关信息的人到你的办公室都能找到这份电子文档或文件，从而提供一份准确的报告。

告知所有人

销售人员不仅应当随时跟进销售进程，而且要及时通知相关各方。出于协调各方的需要，应当有人成为交流中心。通常销售人员最适合承担这一角色。例如，从纯粹服务的角度看，卖方、产权保险公司、供贷人调查组和估价员必须了解彼此的行动。

更重要的是，销售人员的职责是使买方和卖方保持现状。当人们作出重大决定后，在一段时间内都会有自我怀疑的倾向，这种感觉在被人遗忘时更加强烈。没有消息可能会被紧张的买方或卖方解释为坏消息。对此感到惊讶和深信不疑的销售人员也许会毫无警惕地受到买方或卖方的影响，对交易丧失信心。阻止这一趋势的一个有效方法是告知所有人。向着达成交易方向进展的好消息通常会重新激发出买方和卖方对即将到来的这笔交易的兴奋和热情。通过经常联系销售中最
201 重要的这两方，销售人员也能回答各方提出的任何问题。如果不只一方有经纪人，这项工作可以由双方经纪人来分担。在这个重要时期，双方的专业人员应当互相尊重和支持。让代理人和/或代理机构“团结一心”是明智的，因为以后可能会与其他代理机构或有从业资格的经纪人打交道。

另一个好处是提醒销售人员一直保持关注并提供优质服务，以成功达成交易或离成交更近。这是销售人员为了将合同签署和完成交易结合在一起能做的唯一重要的事。

准备达成交易

如果预计的每一件事都处理得当，房产所有权的实际转移就是一个相当简单的过程。买方和卖方应当做好成交的准备。准备工作从帮助他们了解成交阶段会发生什么开始。销售人员频繁使用“成交”这个词，可能是因为销售人员假设买方和卖方知道应当期待什么，但很多人都不知道。双方必须完全了解**成交**时（当合同已送达且产权移交时，即所有权真正改变之时）会发生什么。

避免最后一分钟的惊讶

经验丰富的成交者能讲述很多关于艰难成交的可怕故事。通过制定成交前的计划可以减少很多不愉快的经历。成交阶段发生的问题通常表现在外，因为买方和卖方不得不面对意想不到的或不愉快的事情。他们对这些负面的惊奇之事做出的反应是正常的，也在预料之中。成交阶段不是给负面的惊奇之事准备的！事实

上，很多买方和卖方对这个最后的重要阶段感到紧张。这种混乱和挫折可能导致一方或双方拒绝完成交易。

有些麻烦可以被经验丰富的销售人员排除。例如，提前一天与房产交易员核对双方的交易费用。实际费用可与签署合同时预计的费用作比较。如果金额不一致，可以在成交之前找出原因并向买方或卖方解释。同样的策略可以用于任何成交时可能发生的问题。

多数销售人员愿意陪同他们的客户达成交易。如果在交通方面有任何问题，要提供接送。这一举措可消除“失踪者”和延迟完成的可能性。

保持低调但随处可见

在具体解释和签署必要文件的过程中，大多数交易者希望销售人员能置身事外。这意味着销售人员应当允许成交者自行处理这笔交易，但必须为其提供后台支持。此时让买方或卖方把精力集中在销售人员身上只会分散他们的注意力，延
202 缓整个交易过程。双方对这种经纪人与成交者的关系在真正成交前就应当有所了解。此时也别忘记，这是交易者的赛场，而不是销售人员的。

所有权转移通常应当迅速进行。买方从银行提取现金或签发现金支票，会比个人支票或公司支票更容易办理，因为后两者在划款之前必须确定该款项能否支出。有些情况下，应当在交易现场就把交给买方的房屋钥匙准备好。一定要感谢所有参与方在这次交易中提供的帮助。如果可能的话，记住要以积极肯定的氛围结束每一笔交易，这很重要。向买方对你的信任表示最诚挚的感谢。再次强调买方对于你的价值和重要性，并要求为他们提供更多帮助和服务。这时，你可以请求他们帮你发展今后的业务，对卖方也一样。

售后跟踪

交易结束不等于完成销售。经验丰富的销售人员看到了售后跟踪的必要性。怎么做取决于具体情况和销售人员的选择，但记住这一点很重要。有些销售人员认为这种跟进是指实实在在地帮助客户搬进新家。还有些人会在令人兴奋的第一天晚上带上做好的菜去拜访客户，或者快递一桌晚餐过去，如果你做饭水平像我一样！合适的做法是在新主人刚搬进去不久后就顺便走访一下。这样做会给你提供机会去了解是否有问题需要你帮助解决，并再次让他们感到你没有忘记他们。别忘了你和这些人的下一笔交易会在这次交易后很快就开始！

这些活动背后的实际意义是为了提醒买方你很关心他们的满意状况。这种安排对卖方也同样有用，和卖方轻松地联系一下看看他们近来可好。或者你可以跟踪并确认每一方是否都拿到了销售所产生的各类文件。在销售完成后你所做的服务对于买方和卖方都将是一个惊喜，也许会在将来给你带来更多业务。一些公司会发放售后评价表来请客户对所接受的服务提供反馈意见。我们肯定希望听到对所做服务的正面评价，但有建设性的意见是知道我们该如何才能做得更好。

重游销售过程

回顾第 1 章，这一章中对销售过程的解释阐释了一个重要概念：销售过程是循环的、无终止的。售后跟踪应当是这一循环的重新开始。在这一点上，应请求买方或卖方允许你提及他们的姓名作为参考案例。新客户会很重视给以前客户打电话的机会，以此查证你的资质。当然，必须经过以前客户的允许才能这样做。

另一个从成功销售中开发新业务的有效途径是请求获得一封推荐信。如果他们真的满意，建议你的买家或卖家写一封如图 13—1 所示的推荐信，向你的经纪公司表明他们对你的服务很满意。你要在自己已经获得的成功的基础上获得新的成功。

203 2006 年 7 月 11 日

致朱恩·琼斯夫人，ABC 房产的业主

亲爱的琼斯夫人：

应您的经纪人卡拉·玛琪的请求，我想谈谈在我们近期购买您所在片区的一幢新房时，我对她向我们提供的服务的感受。在过去的 12 年里，我的公司让我们全家搬了四次家。在这四次换房中，我们没有遇到比玛琪女士考虑得更加周到的经纪人。她的专业性以及对我们真正的关心，给了我们一个惊喜。

如果我们今后还需要房地产经纪人或知道其他人需要，我们一定会毫不犹豫地联系玛琪女士或把她推荐给其他人。对您的公司和她的行业来说，玛琪女士具有很高价值。

真诚问候您。

朗达·凯

图 13—1　推荐信样本

204 成功的房地产销售人员会把后来的业务建立在现有的和以前的业务之上。世界上没有比一个满意的客户更好的广告媒体了。记住，你过去的客户可以成为你将来的生意。随着他们的需求有所改变，他们可能还会需要你提供的专业服务。在当今这个高度流动的社会，新业主会在五年内卖掉他们的房产，成功或失败都取决于你自己。制定一份定期联系客户的计划。如图 13—2 所示的简单便条，或者业务通信的邮寄清单，都会把你的名字和提供的服务呈现在以前客户的面前。这将使销售过程不断循环运行，而你作为一个专业的房地产经纪人，已经建立了令人满意的职业生涯。

205 2006 年 7 月 14 日

亲爱的朗达：

我想真诚感谢您在寻找住房时对我抱以的信任和信心。有机会为您提供服务对我而言是件愉快的事，我深信您将喜欢上您的新住处。

如果您今后还需要我的帮助，或者您认识的其他人有房地产方面的需要，请一定打电话通知我。

再次感谢您的信任。

真诚问候您。

经纪人：卡拉·玛琪

哈灵顿地产公司

图 13—2　售后跟踪便条样本

行动指南

很多房地产公司和经纪人使用联网的交易管理系统。这些软件提供商和交易管理系统允许交易各方输入用户名和密码后进入页面查询交易状态。有关这些供应商的信息可以在 http://www. settlementroom. com 上找到。买方可以查询自己的交易状态，确定估价是否已完成，产权更改进展到什么程度，等等。卖方也可以从该交易管理平台上查找代理人、代理机构及其他人的信息。网站还设置了邮件和警报，以便与此相关的每个人都能顺利进行交易。

小　结

206 在房地产销售过程中，当买方和卖方达成一致意见后，销售人员应当确保将相关条款以定金合同的形式记录下来。另外，销售人员必须注意要尽快将定金交给合适的第三方托管人，并提醒所有参与方都按该合同规定的条款履行。

销售人员应当确保将交易进程信息完整全面地通知给各方，并及时与买卖双方分享这些信息。此外，销售人员还应当通过事前对完成交易做好准备工作来避免最后一分钟出现问题，并保证买卖双方了解在成交阶段要做些什么。

当交易结束以后，销售人员应当对买卖双方进行售后跟踪，让他们记得表示对你的满意，你也表达出将来再次为他们服务的心愿。

复习题

1. 要使参与交易的各方成员团结一心，销售人员需要承担哪些责任？
2. 谁有责任确认定金合同是否准确反映了买卖双方的一致意见？
3. 销售人员需要准备多少份定金合同的复印件？
4. 对买方的定金支票有什么要求？
5. 销售人员收集当地最新贷款信息的目的是什么？
6. 为什么销售人员必须在贷款申请预约之前先与信贷员核对？
7. 做好交易进程报告有什么好处？
8. 打消买方或卖方“对交易丧失信心”的念头的一个有效途径是什么？
9. 怎样避免在成交时由“失踪者”引起的延迟？
10. 帮助买方加快交易进程的有效建议是什么？

207 11. 对售后跟踪有哪些好建议？

12. 有什么方法能在成功销售的基础上开发新业务？
13. 最好的广告媒体是什么？

14. 销售过程什么时候结束？

讨论题

1. 除了本章中提到的行为以外，销售人员还应当做些什么以确保交易真正完成？

2. 在达成协议以及所有权实际转移期间，为什么说“坚定客户的交易决心”很重要？

3. 你怎样为你的买家或卖家做好实际成交的准备？

情景题

满意客户的价值

帕特·诺沃尔（Pat Nover）是一位有着高超技巧的房地产销售人员。她把她长期以来的成功归结于反复交易及满意客户的推荐。销售人员怎样从他/她以前的客户那里获得最大效益？

跟踪计划

你接到一项任务，要求你制定一份跟踪计划，以确保所有经你公司代理过的买家和卖家在服务结束后的几周或几个月内不被忽略。怎样做才能达到上述效果？

第 14 章

经纪公司的选择和法律意识

关键词

209 房屋唆卖生意（blockbusting）
少数派（minority）
低等待遇（less favorable treatment）
限定价格（price fixing）
市场瓜分（market allocation）
红线歧视（redlining）
操纵（steering）

怎样挑选经纪公司?

初入行的经纪人必须挑选一家合适的经纪公司。记住，对某个人很重要的因素不一定适用于其他人。市场中可能有很多很好的经纪公司，但不是所有的经纪公司都适合某个特定的个人。一般而言，选择保荐经纪公司时有几点是不能忽略的。

下面列举了一些多年来被广泛接受的建议。这些建议不是绝对正确，但可以促使你在做这个重要选择时慎重考虑。在某些州，在没有必须要求选择经纪公司之前，你可以先完成领取执照前的培训，在“无业务状态”下准备州级考试。这对很多人来说是个好建议，因为这样可以减轻为了获取执照去选择经纪公司的压力。另外，未选择经纪公司但达到其他所有要求的人会更受经纪行业的青睐。从我多年来房地产行业的教学实践经验来看，我和上百个即将获取执照的人交谈过，但没有人按照这个计划来做。

遍及选择经纪公司的所有材料，会用到一个经纪人管理者的概念。有些公司的管理者和经纪人是同一的。另一些公司中，首席经纪人或保荐经纪人会设立公司管理者或销售管理者来监督业务。将要入行的经纪人必须了解公司的组织结构，并可能需要同管理者和经纪人聊一聊，以增进对公司发展的了解。

210 选择最好的经纪公司

大多数新入行的销售人员在进入房地产行业之前都在其他领域工作过。如前面章节中提到的，超过半数的销售人员都不是雇员，而是独立的订约人。这种状态产生了一种不同的关系，这种不同在选择经纪公司的过程中也很明显。与其寄希望于某家经纪公司“雇用你”，不如反过来由你来选择经纪公司。你的任务是联系一家最符合你要求的公司，而不是过度推销自己。这不是建议你过度自我感觉良好，而是建议你别因为一家公司愿意“雇用你”而不假思索地接受邀请。良好的自我形象在任何时候都很受用，尤其是在选择经纪公司的时候。别因为轻松悠闲而选择一家经纪公司，而是要因为它确实“适合”你。记住什么是良好的关系，因为现在对一个初入行的销售人员的标准可能不再是你几年前用过的那些了。

这里提供了一些具体的建议：

选择一个你期望的工作区域。也许是从地理位置上划分的区域，例如如果你打算开发住房类业务，可选择大致和你相邻的地区；或者如果你打算开发郊区业务，可选择你所在城镇东西方向一小时车程以内的地区。也许是从房产类型上划分（商用地产、度假物业等）。做好计划，选择你感兴趣的区域并精通于此。了解所有房地产类型的通才时代已经过去，专才正成为主流。记住，在你已经熟悉掌握某一类业务之后，可以不断扩展你精通的领域。要保持一步一步向前发展，而不要在“大跃进”式发展后不得不收缩退步。

调查你选择的区域。你可能发现在你选择的区域内有不到十家或只有四五家经纪公司在房地产方面有所涉及。在选择区域前你应当去拜访所有这些公司。货比三家是消费者聪明的表现，也是选择经纪公司的好办法。

坦诚地应对面试。多数公司的管理者和经纪人都是很有经验的那一类人。用诚实的态度说出你对事业发展的看法和你能为公司带来什么，然后询问公司能为你做什么。承认你打算多找几家公司。优秀的公司会欢迎你进行比较，因为他们看上去会比其他公司有优势。

制定面试计划。大多数面试总会包含一些常规问题。对于纳入你考虑范围的公司，你很想了解关于这家公司的一些信息，同时这家公司也想知道一些关于你的情况。设想你将提出和被问到的问题，考虑一下你会怎样回答，会怎样组织语言。在每次面试后，回顾你的表现并加以修正或完善，以为下次面试做准备。列出清单，写明要问的重要问题和你希望介绍自己的内容。面试前和面试后的练习

会使面试双方（面试官和被面试者）在面试过程中感觉更好。这是一次重要的决
211 定，付出做好工作所必需的努力。（适合你的）优秀公司能够在你房地产销售生涯的早期发展阶段大大增加你的成功机会。

调查公司的培训计划。不管你多么有兴趣或多有天赋，在起步阶段，所有新入行的销售人员都需要很多支持和指导。大多数公司了解这一点，并提供某种后续培训，使你在领取执照前所接受的培训的基础上有进一步发展。这种培训支持毫无疑问是对新销售人员最大的支持。

不过只是“某种”培训远远不够。你需要并且应当获得计划周密的、系统的培训方案，从而填补你目前为止在房地产学习方面的“漏洞”。公司没有必要必须安排全职培训专家来实施有效的培训计划。然而，公司必须提供连续的、有规律的培训。目前提供的视频节目很大程度上成为面对面、手把手的培训形式的补充，但它们无法替代亲自教学，希望在这一重要课题上有进一步研究。在你对公司做出良好评价之前，销售涉及的领域、时间安排、使用的形式/技巧，以及各业务领域的负责人，都是你需要了解的问题。由于经验丰富的销售人员已有成型的工作经历，对公司的关注方向会有所不同。如果你是初进入该领域，公司提供的培训将是应考虑的最重要的因素之一。

了解管理团队。在你需要帮助时，你应当能够获得正确的、有用的帮助。第一次展示房产或第一次获得报价，在新入行经纪人的职业生涯中是一个令人激动的里程碑，但是大多数人在这个重要时刻都需要帮助。去了解你所在的经纪公司的管理者对协助销售的看法。从责任角度看，以前的“患难与共”的哲学不但有问题，而且很危险。调查你的管理者的销售记录。业绩突出的销售人员不一定是高效的经纪人或其他销售人员的管理者。管理者必需的技能与销售人员应具备的完全不同，但对高效的房地产公司管理者或经纪人来说，拥有数年销售经验，并有着平均水平及以上的销售业绩，是一项很重要的指标。而管理者现在是否还承担销售工作并不那么重要，重要的是这个管理团队愿意并且有能力支持你。

要对管理团队仍活跃于销售工作持开放心态。对于这个问题目前没有统一的权威意见。有些人认为管理者应当参与销售以了解现状。也有人认为管理工作是专职工作，不应再涉及销售。我的观点比较中庸，我认为经纪公司管理者承担部分销售工作没什么错，只要那不是他/她第一优先处理的工作。管理公司（或让某人有能力管理公司）并且向公司的销售人员提供支持才是需要优先处理的事情。如果经纪公司的管理者不得不尽他/她最大的能力去销售以保证公司得以生存，那么花时间培养新的销售人员是可以理解的。这个观点再次反映出对新来者而非有经验销售人员的需求。

核查公司记录。是什么让这家公司如此独特？这是你必须了解的一个很重要的问题。一个公司不需要历史最悠久、最大、最新，或者最小，但它一定要拥有
212 （或已经设计了一个发展计划去实现）良好的形象。你曾经因为另一个人的公众行为向某人道歉吗？你记得这令你感到多么难受吗？在你开始推销你和你的公司（对大多数消费者而言实质上是一样的）之前，你必须先让人们接受你和你的公司。

要询问公司开业几年，总销售额是多少，人均销售额是多少。你不能要求公司提供这些方面的所有数据，但如果你决定加入这家公司，那么感受到你可能成功的机会很重要。提示：你必须谨记一条叫做 80/20 的原则。即 80%的业务是由 20%的销售人员完成的，这可能有利于你对该公司的调查。这就是为什么要知道销售人员的总业务量，而不是只知道面试官告诉你的其中一两个超级销售人员的销售情况。

调查的另一方面应集中在经纪人的流失率上。公司销售队伍的稳定性很好地表明了经纪人对公司的满意度。一个流失率较低的公司不一定是优质公司，但低流失率是一个良好的信号。

讨论公司政策。许多读者可能认为应讨论的最重要的政策是佣金分配政策。虽然佣金分配很重要，但它只是其中一个因素，甚至可能不是最重要的。例如，一笔 100 000 美元的交易分配 10%的佣金，另一笔 1 000 000 美元的交易分配 1%的佣金，你选择哪个？你的总收入可能相同，但其他方面呢？包括销售费用、广告方案、要求/自愿电话值机、转介绍、政策公示以及解决争议？没有“正确的”答案，但公司应当详细说明政策的制定程序并将其书面化。在选择一家公司前，你还应当查阅公司的工作手册。如果该公司的经纪人管理者拒绝提供，提醒他们，他们可以自由地检查你的证明材料，为什么你不能就你被告知的内容进行查证？在如何推进业务这一重要领域支持你代表的公司非常重要。当加入这家公司以后，从做选择的角度评论公司政策就真的太晚了。你应当事先对公司的运营情况保持警惕，然后从紧张中解脱出来，或者不要加入这家公司。

审视公司环境。见见该公司的其他经纪人。你不仅能确认经纪人管理者告诉你的是否真实，还能从你将来的同事那里获取一些心得。有些公司很开放、友好，有些公司比较保守。没有谁好谁坏之分，但其中一种可能会让你感觉更舒服。以观察员的角度坐下来倾听，会给你提供一些重要信息。花时间去了解你感兴趣的所有公司，进而决定这家公司是否适合你。当你成长为一名经纪人时，你原先认为重要的因素也许会改变，但最初与你的同事融洽相处十分重要。

当然，这些要素你并非都必须考虑，但它们会让你思考在选择经纪公司时什么对你最重要。在列表中添加你觉得需要讨论和阐明的内容。表 14—1 是一个对本部分所提到内容的简要列表。

213 **表 14—1** **如何选择经纪公司**

1. 选择一个市场区域。
2. 调查该区域的经纪公司活动情况。
3. 做决定之前多见几家公司。
4. 做好面试计划。坦诚面对并期望对方也如此待你。
5. 询问以下内容：
   (a) 培训计划
   (b) 管理支持
   (c) 公司记录
   (d) 公司政策
   (e) 公司环境

法律意识

不论选择哪一家经纪公司，房地产销售人员必须了解一些关于机会平等的法律。提供这方面信息并非出于探讨的目的。这是法律，不是建议。每一个部分即使不够写成一本书，也值得占用一章的篇幅。因此，写在这里的浓缩版只是你了解和理解法律知识的起点。各地方和各州的法律均有所不同，但联邦法提出了最低标准。通过参加你所在地区的房地产经纪人®理事会举办的更新会议，可以了解当地的最新做法，从而避免发生问题。全美房地产经纪人®协会《道德准则与执业标准》提到，与房地产经纪人业务相关的房产信息将通知给该经纪人。该项知情权已明显扩展到法律范围。

居住平等

联邦制定居住平等法律的主要目的是提供一个无歧视的住房市场，在这里，住房选择由个人意愿和经济能力决定。

你一定见过房地产经纪公司张贴的居住机会平等的标志（参见图 14—1）。张贴这一标志的目的在于让消费者了解，房地产经纪公司必须依法从业。下列观点在 1968 年联邦住房法案及其修正案［the Federal Housing Act of 1968 (and subsequent amendments)］中得到重申：

- **少数派**（minority）一词可以指因种族、宗教信仰、肤色、性别、家庭地位、身体残疾或者民族起源而受到歧视的任何团体或个人。记住，在这些情况下，少数派的少数不是指数量或比例，而是指所受待遇方面。
- **操纵**（steering）是指企图因前述原因之一而支配人们迁入或迁出某一区域。销售人员不能因某人可能“适合”某处而有选择地展示房产。记住，挑选房产的标准只有两条，就是个人意愿和经济能力。

214

图 14—1　居住机会平等标志

- **房屋唆卖生意**（blockbusting）有时可以理解为恐慌性销售。这种做法表现为用少数民族可能入住的威胁（或事实）劝诱人们迁出或出售房产。古老谚语“他在这附近”的做法不应存在于专业的房地产销售人士中。

- 另一个概念，即**低等待遇**（less favorable treatment），涉及的是提供服务的质量。因前文提到的七种原因而未提供全面、平等的支持或服务，属于违法行为。
- 因少数派原因未能获得某地区提供的贷款或保险，视为**红线歧视**（redlining）。虽然不是直接参与贷款或保险，但房地产经纪人大多数时候无疑会参与其中，帮助个人完成申请工作。

信贷机会平等

联邦立法在七种少数派原因以外，增加了年龄和婚姻状况作为补充，以禁止歧视。这部法律主要规定了贷款人的职责和义务，但销售人员对此也应当有基本了解。

诚实信贷

诚实信贷法的目的在于帮助消费者了解贷款的真实费用。人们经常会混淆贷款利息和提供贷款的费用这两个概念。真正的贷款费用，根据Z规定（广泛发行的系列出版物，用于指导对概念的理解和遵守）的定义，不仅仅
215 是指贷款利息。年息标准（APR）也包括例如贷款手续费、预付利息以及其他提供贷款的费用。虽然规则复杂，但仍要记住，广告和促销中某些特定的词或短语“引发”出遵守Z规定的需要。房地产销售人员应当参加房地产协会的研讨会并了解最新进展，以保证无论何时都能全面准确地遵守相关法律。

反垄断

反垄断法的原理是，竞争为消费者带来最好的产品和服务。支持这一原理的命题是，当竞争被垄断者或反对竞争的非法协议予以减少时，公众将受到伤害。谢尔曼反托拉斯法（the Sherman Anti-Trust Act）和克莱顿反托拉斯法（Clayton Anti-Trust Act）是反垄断立法中最重要的两部。人们对房地产行业最关注的是**限定价格**（price fixing）和**市场瓜分**（market allocation）。若从业竞争者同意在物业管理、租赁佣金等方面统一定价，价格限定就会发生。一般认为，你可以按照你的要求来收费，但如何收费由你自己决定。法律上没有规定类似于“通常利率”或“普遍收费”这样的概念，它们是从业者集体决定的。市场瓜分涉及的是竞争者之间分配市场的问题。这是根据价格范围、地理位置或者房产类型来分配的。其结果是竞争的减少，这是不合法的。要关注当地房地产经纪人协会的出版物，并了解政策中对反垄断违法行为的规定。

欺骗性商业行为

该领域法律关注的重点是具有从业资格的机构进行的虚假、误导、欺诈等（你可以用很多形容词）行为。各州的法律规定不尽相同，但大多数都规定，提供虚假或误导性的待售产品或服务信息是违法的。请注意，这一法律适用于产品或服务。有些州已经明确将欺骗性商业行为法律扩展到了房地产行业。确认并理解你所在地区该部法律的准确含义。

了解各地区、各州及联邦中对你从事房地产销售有影响的法律，这是在该行业中发展的一项重要策略。这里提到的简要描述对任何人来说都远远不够。其目的在于引起人们对这些主要领域的关注，你应当对针对具有从业资格的经纪人的相关法律了如指掌，并正确适用它们。

216 **行动指南**

http://www.hud.gov，http://www.epa.gov 以及你所在地区和州的房地产经纪人协会网站针对降低风险及经纪公司在销售会议中的管理技巧提供了很多很好的方法。很多这样的网站为房地产经纪公司和经纪人提供可下载的 PDF 文件，以便打印出来备用。一定要浏览这些网站上的常见问题（FAQ）和事实（myths & facts）部分。

小　结

选择一家保荐经纪公司很重要。销售人员能否获得成功很大程度上取决于他/她能否根据自己的需要和状况选择到合适的经纪公司。有以下几个关键点需要考虑：你选择的市场区域中该公司的活动情况、强有力的培训计划、管理支持、公司背景和政策、公司氛围和环境。如此重要的决定要建立在对所有因素认真考虑基础上，不能迅速或草率决定。

了解对房地产从业者有影响的联邦立法也很重要。对个别州或地区的法律还需要进行彻底研究。一些联邦法律包括居住平等、信贷平等、诚实信贷、反垄断以及欺骗性商业行为等内容。参加当地房地产经纪人®协会理事会举办的相关主题研讨会将有利于从业人员的事业发展和正确运用相关法律。

复习题

1. 为什么选择经纪公司如此重要？
2. 经纪人的个人意见对居住平等有什么影响？
3. 为什么调查经纪公司政策很重要？

4. 将这些政策书面化有多重要？
5. 在你的选择过程中，为什么考虑公司以前的记录很重要？
217 6. 在哪里能找到更多与房地产经纪相关的法律规定？
7. 在选择经纪公司前，为什么应当拜访该公司的销售人员并向其了解情况？
8. 为什么在做决定前应当多接触几家经纪公司？
9. 居住平等的立法目的是什么？

讨论题

1. 经纪公司的管理者应当兼职销售工作吗？
2. 选择经纪公司还应当考虑哪些因素？
3. 经纪人为什么必须对当地及联邦的房地产相关法律了如指掌？
4. 你认为一套有效的培训计划应当包含哪些重要内容？

情景题

别再有新移民住进来

你被要求在你的市场区域内寻找一套委托销售的房产。卖方很合作，在市场价格方面要求很宽松。这套房子几乎是你这一年来最顺利的一次委托，并且非常适于销售。委托登记表签署完毕后，在最后一刻，卖方说道：“顺便说一下，我不希望外地人买这套房子并搬进来住。现在周围已经有太多这种外来人员了。”

你怎样回答？

与亲属共事

亚历克西丝·韦尔奇（Alexis Welsh）是一名即将领取房地产经纪人执照的学生。她的姐姐安杰拉·罗得里格斯（Angela Rodriguez）是一名非常成功的商业房产经纪人，她所在区域正好是亚历克西丝希望从事住宅业务的区域。安杰拉邀请亚历克西丝加入她的公司，拓展该公司在住宅业务方面的市场份额。对于亚历克西丝的这次机会你有什么建议？

词汇表

A

Abstract/title Company：所有权凭证公司/产权保险公司。负责收集公众记录来帮助确定需要转移产权的特质，经常签发产权凭证或者产权保险单，有时也充当实现成交者。

Advisory Close：咨询式成交。在向第三方咨询的基础上做出购买决定。

Afford Amount：有能力支付数额。人们感觉在房地产中能够轻松投资的金额。

Amortization：分期偿还。在一定时期内偿还贷款，在这期间分期支付本金和利息。

Amortization Table：分期偿还表。显示还款期内本金和利息明细的表格。

Appraisal：估价。按公平市场价值评估，多用于协助贷款机构确定房屋贷款额。

Appreciation：增值。一处房产或地产通过可比较的销售而产生的市场价值有效增长。

Assumptive Close：假设式成交。又被称作“不是如果成交，而是什么时候成交”的成交方式，销售人员抱有一定能够为目标客户提供帮助以达成交易的信心，并且从一开始客户接触时就表现出来。

Attitude Learning：态度学习。通过经历、实践或者练习所形成的感觉或者信念影响人的行为。

B

BIKE Approach：BIKE方法。即信念（Belief）、投入（Involvement）、知识（Knowledge）、热情（Enthusiasm）四个词的首字母，组合在一起能够有效帮助解决自我激励的问题。

Blockbusting：房屋唆卖生意。比如用少数民族可能入住的威胁诱使人们恐慌性地出售房产。

Buying Motives：购买动机。目标客户搜寻所需要购买房产的原因。

Buying Signal：购买信号。显示买方即将做出决策的行为。

C

Call-in Sheet：来电记录表。一种用于帮助销售人员从来电客户那里获得客户确认信息的表格。

Career Apparel：职业装。公司确定的标识性服装，销售人员穿上以体现公司的形象识别。

Center of Influence：影响中心。在社区中受尊重并且有影响力的人，比如医生、律师、教师和商店店主。

Client Records：客户记录。有关特定客户及其需求和偏好的记录，应该用成体系的方式保持这类信息不断更新。

Close：达成交易。努力让目标客户做出肯定性的决定。

Closing：成交。在所有权凭证公司或者产权保险公司签订的表明房产过户的协议约定。

Closing Cost Statement：成交费用说明。经纪人制作的一张表单，用于显示买方或卖方在完成交易时应当支付的大致费用。

CMA：参见 *Competitive market analysis*

Code of Ethics：道德准则。所有房地产经纪人®需要遵守的专业准则。

Cognitive Learning：认知学习。从知觉或者理念中获得知识的智力过程。

Cold Call：陌生推销电话。直接打给房产业主，主动请求提供服务和获取信息的电话。

Commercial Facilities：商业设施。在某一特定社区附近的零售店、银行、餐馆、律师行、医院以及其他相关设施。

Commission：佣金。因获得市场服务而支付给房地产公司的费用，在房源协议签订时支付。

Communication：沟通。用有意识的方式传送和接收思想、理念、感觉和态度。

Competitive Market Analysis：竞争市场分析。一张列出了哪些物业待售、哪些近期售出以及哪些上市没有出售的表格。

Composition of Income：收入构成。一个记录保持系统，用于判断金钱回报主要是哪些方面的努力产生的。

Consume Behavior：消费者行为。消费者在寻找、购买、使用和评价那些他们期望满足自身需求的产品、服务以及理念时所表现的行为。

Counteroffer：还价。由卖方向买方提出的另一个要求，以取代原有买方提出的要求。

Credit Report：信用报告。用于支付本地信用报告服务的费用，以获取信用记录，帮助贷款机构测定借款人的资格。如果信用记录在外埠，还会有附加费用。

D

Deed of Trust：信托契约。对用票据借款购买的房产建立抵押留置权的协议。

Deed of Trust to Secure Assumption：确保支付的信托契约。一种协议，用于买方购买房产并承担卖方已有房贷，在某种特定的情况下，当买方停止供款不履行责任时，现在的卖方要继续支付贷款。

Demographics：人口统计学。用于研究人类特征以确认特定市场细分的学科。

Discount Points：扣点。房贷者所提供的额外支出，用于在和其他投资选择竞争时保持优势。1个点等于贷款总量的1%。

Distractions：分心。阻碍有效沟通的严重障碍。

Distress Advertising：困境广告。让人觉得销售有问题的广告。

E

Earnest Money：定金。买方放置于第三方管控的资金，当销售完成时冲抵购买价，或者如果买方不买则放弃这笔钱。

Earnest Money Contract：定金合同。这种合同签署后就建立了一个合法契约，用于描述交易的特定细节，并要求将定金交第三方托管。

Escrow Agent：第三方托管人。保管定金的个人或机构。

Escrow Fee：第三方托管费。支付给第三方托管人用于处理交易和监管定金合同中所有条款是否执行的费用。

Expired Listing：过期房源上的房产。列在先前房源上的房产，但该房源已到期又可以成为其他经纪人的房源。

Explain-and-Request Method：解释和征询法。一种在客户资格确认中使用的方法，即向客户解释你需要问一些用于客户资格确认的问题并且征得客户同意。

F

Fair Market Value：公平市场价值。为一个有准备、有意愿并且有购买能力的买方所挑选的房产支付的价格，这个价格并不是强迫其接受的。

Farming：市场耕作。有规划、有系统地在特定市场区域开发目标客户的方法。

Filling Fees：文本契费。房地产交易时载明所有权已经转让的文本记录费用。

Floor Duty：电话值机。经纪人被指派在办公室中用来处理来电的时间。

Follow-up Note：售后跟踪便条。经纪人为业务感谢客户的书面信息。

Four Ps：4Ps。用于解释营销概念的价格（price）、促销（promotion）、产品（product）和渠道（place）四个相互影响的因素。

FSBOs：业主自售房。在市场上没有列在房源上而由业主自己出售的房产。

G

Goal Chart：目标表。显示销售人员销售目标完成状况的表格。

Goal Setting：目标设定。一种有规划的行为实践，持续地衡量个人效果以不断朝着预设的目标靠近。

Government Structure：政府结构。一个城市或者自治市的政府实体的建立和运行方式。

H

Hierarchy of Needs：需求层次。关于动力方面的一种理论，认为需求有不同层级，从最基础的需求到更精致、更高级的非个人化需求。

Housing Development：房产开发。有新住宅或者商业用房正在建设或者计划建设的区域。

I

Inattention：疏忽。没听到其他人说的信息。

Independent Contractor：独立合约人。销售人员非常独立，不是一个雇员，这种经纪人基本上是为自己做业务，他们负责交税，不从经纪公司获得收入。

Institutional Advertising：机构广告。用来推广公司整体而不是某个具体房产的广告。

L

Leads：线索。由别人提供的有关潜在业务的建议。

Listing Agent：房源经纪人。特指负责从卖方处获得房源并和卖方签订各类出售协议的经纪人。

Listing Agreement：房源协议。一种书面印刷协议，一旦签订就建立了一个法律契约，按照业主的条件在某一期限内雇佣经纪公司作为经纪人，并支付给经纪公司一定佣金。

Listing Presentation：房源展示。经纪人将房产放到市场上去展示，以获得潜在买方实现交易。

Listing Presentation Kit：房源发布工具箱。销售人员在房源发布过程中将所有需要的资料都放置于其中的资料包。

Loan Origination Fee：贷款手续费。由贷款机构收取，用于处理贷款。通常用点来表示：1点等于贷款的1%。

M

Machine-Gun Approach：机枪策略。一种销售技巧，即对目标客户所提出的异议给予许多种回答，而不是解决产生异议的本质原因。这种方法并不推荐使用。

Mail-out：邮件发放。经纪人发给业主或者潜在购买者的推销邮件。

Market Allocation：市场瓜分。故意将市场切分以减小竞争。

Market Area：市场区域。一个经纪人选择市场耕作的地理区域。

Market Segmentation：市场分割。根据一般特征将总体市场划分为小的组成部分。

Marketing：营销。能够引导产品和服务流程从生产者到客户（或用户）的商业活动行为。

Mass Marketing Message：大规模市场信息。与大量听众人群沟通，试图使信息个性化。

MGIC/PMI Charges：私人房贷费用。支付给抵押保险公司的评估费和保险费。这种保险保护贷款人不因疏忽而受损，并允许买方支付不超过20%的定金。

Mini-Decision Approach：细小决策法。通过让客户做出一些有关房产的细小决策来达到最终购买决定的技术方法。

Minor Point Close：较小点成交。有时又叫做“非此即彼”式成交，在两者中挑选一个方案。

Minority：少数派。因为种族、宗教、肤色、性别或者民族而遭受歧视的人群。

MLS：参见 *Multiple Listing Service*

Monitoring：监控。记录因为看到广告而打来的咨询电话，以此来判断广告的有效性。

Mortgagee's Title Policy：承押人保险单。贷款机构发放贷款时签发的保险单，以保护放贷方不因有问题的所有权造成损失，通常和给买方的产权保险单一起发放。

Multiple Listing Service：多重上市服务。一种订购服务，可以使各经纪公司分享彼此的房源，并按照预定好的佣金切分利益。

N

Note：票据。写明债务和偿还条款的书面约定。

O

Open-Ended Question：开放式问题。对问题的回答不仅仅是“是”或“不是”，而是需要用一些解释性语言回答的问题。

Open House：公开求售房。公开给公众来看房的预售房产。

Owner's Title Policy：业主产权保单。由业主买的保单，用来防止不可知的留置权、抵押权或者防止房地产所有权被转让。卖方通常按照销售价格来确定保价，并一次性支付。保单价格是由州保险委员会（State Board of Insurance）来确定，并且在卖方拥有房产过程中都有效。（该保单不可转让）

P

Perception：感觉。对现实的个体性理解。

Personal Motivation：自我激励。为人们完成个人目标指明方向的内在力量。

Personal Preparation：个人准备。在目标客户开发之前一个销售人员应当提前做的工作。

Prejudice：偏见。

Previewing：预看房产。在带客户看房之前提前去查看房产。

Price Fixing：限定价格。在竞争者之间建立服务佣金和费用的标准。

Product Advertising：产品广告。用来帮助销售某个特定房源的广告。

Product Knowledge：产品知识。销售人员所负责的房地产和社区的有关信息。

Professionalism：专业化。在精神、性格和行为上追求“你是最好的”的动力。

Promotional Aids：推广用品。诸如业务卡和标志之类的用于房地产业务中的个人广告。

Promotional Costs：推广费用。与广告以及其他向潜在目标客户展示形式有关的费用。

Prospect：目标客户。经纪人已明确的需要服务的客户。

Prospect File：目标客户文件。经纪人收集或购买的目标客户姓名和地址的汇总文件。

Prospecting：目标客户开发。找到买方或卖方的方法。

Psychographics：心理描绘。通过消费者购买行为所表现的价值判断来努力更好地了解消费者。

Public Facilities：公共设施。客户入住一个社区能够用到的诸如图书馆、高尔夫球场、游泳池等设施。

Public Services：公共服务。市场区域内能够使房屋具备入住条件的服务，如公用设施、公共交通、火情保障、警察保护等。

Q

Qualify Amount：具备资格数额。在市场区域人们平均投资在房地产上的数额。

Qualifying：客户资格确认。明确客户的需求及其经济上的优劣势。

R

Real Estate Developments：房地产开发。你所在目标市场有新开发建筑的区域。

Recording Fees：记录费。为记录本次交易并使其更加完善以作为公共记录所产生的费用（记录新业主姓名，新抵押、留置权等等）。

Redlining：红线歧视。因少数派原因未能获得某地区提供的贷款或保险。

Reference Aids：参考支持资料。销售人员用来提供有用信息的印刷资料。

Referrals：推荐来的客户。通过过去客户和其他人介绍推荐而产生的潜在客户。

Restrictions：限制条件。建筑示意图副本和房产上的转让限制，由开发商和前业主提供。

Reverse Advertising：反面广告。这种广告试图聚焦于房产存在的问题，并从推广的目的出发将其转化成为对特定目标客户有用的资产。

Rider Sign：附图标志。写着经纪人名字和电话号码的小标志，一般放在公司大的“出售”标志下面。

S

Sales Chart：销售图表。描述经纪人所处理各个房产的状况。

See-Saw Technique：跷跷板技巧。在打电话过程中努力让来电咨询者和经纪人之间实现平衡，双方都能发出和接收信息。

Selling：销售。是一种基础性艺术，影响他人以帮助他们做出解决问题的决策，使各群体均受益。

Shopworn Property：滞销房。和其他同类房产相比要在市场上等售很久，使人产生房源有错误信息的印象。

Showing：看房。向客户展示房子。

Showing Agent：看房经纪人。特指将房源里的房子向客户展示的经纪人。

Showing File：看房文件。简短、非正式地记录有关给目标客户展示的房产以及客户看房后有何反应的清单。

Sponsoring Broker：保荐经纪人。对销售人员行为负责的有资质的房地产经纪人，一般是在房地产业中有丰富经验的经纪人。

Stair-Step Close：阶梯式成交。先做出小的相关决定，然后逐步引导到大的决定。

Steering：操纵。企图因少数派地位而支配人们迁入或迁出某一区域。

Survey：测量。有资质的测量机构关于准确房屋边界的检测报告，篱笆线、附属房产和侵占物等也会包括在报告中。

Suspect：不确定意向客户。可能有房地产服务需求的一些人。

Switch Sheet：转换表。记录相关房产的表格，当客户对最初提供的房产不感兴趣时，经纪人可以为该客户提供该表格中其他相关的房产。

T

Target Market：目标市场。经纪人希望了解其具体信息的一类特定人群。

Tax Account Approach：开通税收账户。设立一个独立的存款账户，销售人员将每笔佣金都存在其中，当需要时可以用于支付税款。

Tax Certificates：税收证明。所有相关税收代理人出示当前预售房产税务状况的文件。

Telephone Image：电话形象。销售人员在电话中所体现的形象。

Termite Inspection：白蚁检测报告。有资质的检测机构出示的描述房产是否有白蚁或其他损害木料的害虫的报告。

Time Management：时间管理。一种有规划的行为实践，根据计划有结构地使用自己的时间以获得时间的最大收益。

Transfer Fee：转移费。如果买方采用现有抵押，贷款人将收取该笔费用。通过这一过程将房屋所有权由贷款人持有转为买方持有。

U

Urgency Close：压迫式成交。在有利于决策的情况下达成的交易，一般在这种压迫式的需求非常明确的情况下才采用。

W

Warranty Deed：担保契约。授予人完全担保房地产有清晰所有权的一种契约，在大多数房地产转让契约中，担保契约为各类契约提供了最好的保障。

索　引

Q

R

S

Effective Real Estate Sales and Marketing, 3rd edition
Johnnie Rosenauer, John Mayfield

Cengage Learning Asia Pte. Ltd.
5 Shenton Way, #01-01 UIC Building, Singapore 068808

北京市版权局著作权合同登记号　图字：01-2009-3421

图书在版编目(CIP)数据

房地产市场营销（第三版）/[美] 罗斯劳尔等著；王霆译.
北京：中国人民大学出版社，2009
（房地产经典译丛）
ISBN 978-7-300-10668-7

Ⅰ. 房…
Ⅱ. ①罗…②王…
Ⅲ. 房地产-市场营销学
Ⅳ. F293.35

中国版本图书馆 CIP 数据核字（2009）第 071608 号

房地产经典译丛
房地产市场营销（第三版）
［美］ 约翰尼·罗斯劳尔
约翰·梅斐尔德 著
王 霆 译

出版发行	中国人民大学出版社			
社　　址	北京中关村大街 31 号	**邮政编码**	100080	
电　　话	010－62511242（总编室）		010－62511398（质管部）	
	010－82501766（邮购部）		010－62514148（门市部）	
	010－62515195（发行公司）		010－62515275（盗版举报）	
网　　址	http://www.crup.com.cn			
	http://www.ttrnet.com(人大教研网)			
经　　销	新华书店			
印　　刷	北京鑫丰华彩印有限公司			
规　　格	185 mm×260 mm　16 开本	**版　　次**	2009 年 12 月第 1 版	
印　　张	13 插页 1	**印　　次**	2009 年 12 月第 1 次印刷	
字　　数	261 000	**定　　价**	28.00 元	

CENGAGE Learning™

Supplements Request Form（教辅材料申请表）

Lecturer's Details（教师信息）			
Name：（姓名）		Title：（职务）	
Department：（系科）		School/University：（学院/大学）	
Official E-mail：（学校邮箱）		Lecturer's Address/Post Code：（教师通讯地址/邮编）	
Tel：（电话）			
Mobile：（手机）			

Adoption Details（教材信息）　原版□　翻译版□　影印版□			
Title：（英文书名） Edition：（版次） Author：（作者）			
Local Puber：（中国出版社）			
Enrolment：（学生人数）		Semester：（学期起止日期时间）	

Contact Person & Phone/E-Mail/Subject：
（系科/学院教学负责人电话/邮件/研究方向）
（我公司要求在此处标明系科/学院教学负责人电话/传真及电话和传真号码并在此加盖公章。）

教材购买由 我□　我作为委员会的一部分□　其他人□［姓名：　　］决定。

Please fax or post the complete form to（请将此表格传真至）：

CENGAGE LEARNING BEIJING
ATTN：Higher Education Division
TEL：(86) 10—82862096/95/97
FAX：(86) 10—82862089
ADD：北京市海淀区科学院南路 2 号
融科资讯中心 C 座南楼 12 层 1201 室　100080

Note：Thomson Learning has changed its name to CENGAGE Learning.

VERIFICATION FORM/CENGAGE LEARNING